2024
출발!
더 큰 오산!
함께 만들어요!
곽 상 욱 드림.

이재명이 설계하고
곽상욱이 실천한다

이재명이 설계하고
곽상욱이 실천한다

초판 1쇄 인쇄 2024년 1월 2일
초판 1쇄 발행 2024년 1월 10일

지 은 이 곽상욱
디 자 인 김은정
펴 낸 이 백승대
펴 낸 곳 매직하우스

출판등록 2007년 9월 27일 제313-2007-000193
주   소 서울시 마포구 모래내로7길 38 605호(성산동, 서원빌딩)
전   화 010-2330-8921
팩   스 02) 323-8920
이 메 일 magicsina@naver.com
I S B N   979-11-90822-33-6

*책값은 표지 뒤쪽에 있습니다.
*파본은 본사와 구입하신 서점에서 교환해드립니다.

이재명이 설계하고

곽상욱이 실천한다

곽상욱 지음

나에게는 아끼는 두 명의 정치입문 동기가 있다. 이들과 나는 나란히 노무현 대통령의 열린우리당으로 정계에 입문했다. 그들은 이재명 대표와 염태영 경기 부지사이다.

이재명 대표와 염태영 부지사 그리고 나는 나란히 2006년 4월 민선 4기 지방선거에 출마했다. 이재명 대표는 성남시의료원 설립 시민운동을 하다가 정치에 입문했다. 그때 나는 어지럽게 방치된 오산천을 정비하기 위해 정치에 입문했다. 염태영 부지사는 수원에 출마했다.

하지만 우리 셋은 나란히 고배를 마셨다. 개표 결과가 나오고 우리 낙선자 세 명은 경기도에 있는 바닷가로 함께 가서 밤새도록 술을 마셨다. 지금 이재명 대표는 술을 자제하고 있지만 그날은 서로를 위로하기엔 말보다 술이었다. 비록 이번 선거에서는 졌지만, 희망을 잃지 말고 더 강해서 돌아오자고 결의했다.

4년 뒤 우리는 2010년 민선 5기 지방선거에 다시 도전했다. 그리고 우리 모두 경기도 기초자치단체 시장에 당선되었다. 우리는 이렇게 정치입문 동기이자 민선 5기의 동기이다.

나란히 재선에 성공한 이후 민선 7기에서는 이재명 대표는 성남시장으로 능력을 인정받아 경기도지사가 되었다. 염태영 시장 또한 인구 120만의 수구 도시 수원의 아성을 허물고 유능한 민주당 시장으로 인정받았으며, 필자도 오산에서 좋은 평가를 받아 3선 시장이 되었다.

이재명 대표는 성남시에서 기본소득이라는 미래 의제를 쏘아 올렸다. 기본소득뿐만 아니라 청년수당, 지역화폐 등을 과감하게 도입했으며, 경기지사가 되고 나서도 지역화폐, 골목상권 활성화를 위한 배달특급 등을 기초단체에 장려했다.

필자가 시장으로 있던 오산시는 그 어느 자치단체보다 적극적으로 받아들였다. 이재명 대표가 설계하면 오산시는 현장에서 바로 적용했다. 지역화폐 오색전은 전국에서 가장 우수하다고 평가받았다. 이재명 대표도 직접 오산시장을 방문해서 오색전으로 장을 보기도 했다.

코로나19 때는 위축된 골목상권을 살리기 위해 군산시에서 개발한 배달의명수의 노하우를 전수받아 경기도 배달특급 서비스를 실시했다. 이때도 오산시는 앱 개발단계부터 경기도와 함께 했다.

이재명 경기지사는 경기도 전 계곡에서 불법건축물을 슬기롭게 철거했는데, 오산시에서는 방치되어 있던 오산천에 정원을 만들었다.

필자가 오산시장으로 업무를 시작하기 전에 오산시는 정주율이 12.2년으로 경기도 내에서 가장 짧았다. 반면 오산시민의 평균연령은 33세로 매우 젊은 도시였다.

필자는 오산시의 정주율이 낮은 것은 교육여건이 안 좋아서 인근 대도시로 빠져나가기 때문이라고 생각했다. 그래서 도시의 교육환경을 개선하는 게 무엇보다 중요한 일이라고 생각했고, 첫 출마 당시 제시한 공약

46개 중 24개로 절반 이상이 교육 관련 예산이었다.

필자가 제시한 교육정책은 오산의 학부모와 시민으로부터 좋은 반응을 얻었고, 그사이 오산의 정주율은 19년을 넘게 되었다. 이렇게 해서 오산은 인근 100만 도시들과 어깨를 나란히 하며, 오히려 더 좋은 여건을 갖추게 되었다.

필자는 3선 제한에 걸려서 더 이상 기초단체장을 할 수가 없게 되었다. 하지만 아직 오산에는 필자의 계획에서 이루지 못한 것들이 있다. 오산시장을 하면서 이루지 못한 것들을 국회의원이 되어 완성하고자 한다.

이재명 대표의 말을 빌리자면 필자 역시 국회의원이라는 영광된 자리에 오르는 것보다 오산을 위하여, 대한민국을 위하여 더 큰 역할을 할 수 있는 권한을 얻고 싶다.

그동안 필자에게 과분한 사랑을 주신 오산시민 여러분께 감사를 드린다. 오산시민을 섬기듯 국민을 섬기도록 하겠다.

2024년 1월

곽상욱

여러분 반갑습니다. 더불어민주당 대표 이재명입니다.

곽상욱 전 오산시장님의 〈이재명이 설계하고 곽상욱이 실천한다〉 출간을 진심으로 축하합니다.

곽상욱 전 오산시장님은 오산 토박이이자, 3선 시장으로, 오산 시민의 많은 신뢰와 사랑을 받아 온 오산 사람입니다.

〈이재명이 설계하고 곽상욱이 실천한다〉에는 오산 시민을 위한 정책, 실효성 있는 정책이 담겨있습니다.

그리고 정책 실행을 위한 노력과 경험이 담겨있습니다.

그 풍부한 경험이 더욱 살기 좋은 오산, 시민을 위한 오산, 발전하는 오산을 위해 쓰일 수 있기를 기대합니다.

더불어민주당은 오산시민과 국민의 희망을 복원해 2024년이 희망찬 한 해가 될 수 있도록 최선을 다하겠습니다.

모두 새해 복 많이 받으시길 바랍니다. 고맙습니다.

2024년 1월

더불어민주당 당대표 이재명

저와 곽상욱 전 오산시장님은 서로 닮은 면이 참 많습니다. 더 나은 사회를 지향하는 시민운동이 그 첫걸음이었습니다. 저는 '수원의 젖줄' 수원천에서 진행되던 복개 공사를 막고 자연형 하천으로 되돌리기 위해, 곽 전 시장님은 심각한 오염으로 몸살을 앓던 오산천 복원을 위해 투신했습니다.

2006년에는 수원시장, 오산시장 선거에 도전했고, 나란히 낙선했습니다. 당시 성남시의료원 설립 시민운동을 하다가 성남시장에 출마했던 더불어민주당 이재명 대표 또한 함께 고배를 마신 동지입니다. 서로를 격려하며 진심은 통한다는 믿음으로 현장을 누비며 시민들을 만났습니다. 4년 뒤, 2010년 민선 5기 지방선거에서, 함께 시장선거에서 당선되었습니다.

저는 최초의 3선 수원시장이 되었고, 곽상욱 시장님은 최초의 3선 오산시장이라는 영예를 얻었습니다. 그 바탕에는 시민운동가에서 3선 시장으로 일하는 동안 '위대한 시민의 힘'과 '현장에 답이 있다'는 진실에 대한 굳건한 믿음이 있었습니다.

우리는 '지방자치와 분권'의 길에서 의기투합하였습니다. 전국시장·군수·구청장협의회 대표회장을 지냈고, 전국자치분권민주지도자회의KDLC의 출범과 전국 조직화에 앞장섰습니다. 민선 7기 당시, 지방정부들에게 최대 과제였던 '지방자치법 전부개정안'의 국회 통과에 함께 온 힘을 쏟았습니다. 또한 '산·수·화' 상생협력 기구를 만들어, 정조 문화권인 오산, 수원, 화성의 지역 공동체 의식 회복과 새로운 발전청사진을 그리고 실현하는 일도 함께하였습니다.

곽상욱 전 시장님의 화두는 '미래교육'입니다. 환경과 사람이 중심이 되는 '지속가능한 도시' 실현을 위해 쉼 없이 뛰고 있으며, 특히 우리 미래를 이끌 창의적 인재 양성에 깊은 관심과 전문성을 갖춘 분입니다. 나아가 탄탄한 평생교육, 시민교육을 통해 '모든 시민을 위한 교육의 도시'라는 비전과 실행계획까지 갖추고 있습니다.

우리나라와 도시의 미래를 깊이 고민하고 실천해온 나의 오랜 동지, 곽상욱 전 시장님의 책 출간을 축하드립니다. 이 책에는 지난 12년간 오산시장으로서 보여주셨던 뜨거운 시민 사랑, 전염병 확산 속에서 민생을 지키려 분투했던 발자취, 지방자치의 중요성 등 '시민주의자 곽상욱'의 철학과 소신이 담겨 있습니다. 주변의 많은 분께 일독을 권합니다.

2024년 1월

전 수원시장 염태영

| 차례 |

1장

이재명과 함께
곽상욱이 한다

대한민국의 미래 기본소득

이재명의 상징 기본소득

지난 대선을 복기할 때마다 가장 아쉬운 부분으로 남는 것이 기본소득이었다. 기본소득은 이재명의 상징과도 같은 것이었는데, 대선 중심 이슈로 끌어내는 데 실패했다. 난 그 부분이 의아하다. 당내 경선을 치를 때까지만 해도 기본소득에 대한 논의는 활발하게 이루어졌는데, 막상 본선에서는 발을 빼는 모습이었다. 재원 마련 논쟁에서 지지 세력의 이탈이 걱정되었는지도 모르겠다.

이재명 대표가 기본소득 도입을 본격적으로 주장한 것은 지난 2017년 민주당 대선후보 경선 때부터였다. 당시 필자는 이재명 성남시장처럼 오산시에서 시장직을 수행하고 있어서 정치적 발언에 제약이 있었지만, 이재명 성남시장의 기본소득을 늘 관심 있게 지켜보고 있었다.

이재명의 기본소득은 다른 나라에서도 관심 있게 지켜 보고 있는 사안이며, 이재명의 억강부약 철학과도 맞닿아 있다.

고용 없는 성장의 시대

대한민국은 세계 어떤 나라보다 디지털화가 빠르게 진행되고 있다. 인터넷 보급률은 세계 최고이며, IT산업은 세계를 선도하고 있다. 하지만 대한민국의 산업 성장이 대기업 주도로 이루어지고 있는 것은 오래된 숙제이기도 하다.

반도체, 자동차, 조선, 철강, 가전 등은 세계 굴지의 글로벌 기업들과의 경쟁에서도 강력한 경쟁력을 갖고 있다. 하지만 중소기업의 성장은 대기업의 성장에 비해서 발전이 더뎌지고 있다. 그러다 보니 세계 그 어느 나라보다도 자영업 비중이 높은 나라이며, 자영업 중에서도 요식업의 비중이 월등히 높다.

한국은 그 어떤 나라보다도 AI가 접목된 산업의 발전이 빠르게 진척되고 있다. 외국인들이 한국에 오면 10년 이상은 앞선 미래에 와 있다는 느낌을 받는다고 한다.

AI를 포함한 IT 기술을 바탕으로 한 관리 시스템은 필연적으로 사람이 차지했던 일자리를 줄어들게 했다. 고속도로 톨케이트마다 고용되었던 요금을 받던 노동자는 하이패스가 일반화되면서 일자리를 잃게 되었고, 건물마다 있던 요금을 받던 주차 관리원도 무인 요금정산기의 폭넓은 보급으로 인해 일자리를 잃게 되었다.

21세기 이전에는 매출의 규모에 비례해서 고용되는 노동자의 숫자도 증가했으나, 21세기 이후에 접어들면서는 매출이 아무리 늘어도 더 이상 고용을 늘리지 않아도 생산량을 충분히 늘릴 수 있게 되었다.

그럼으로써 대한민국의 대기업들은 막대한 수익을 내고 있음에도 불구하고 더 이상 새로운 투자처를 찾지 못해 엄청난 현금을 사내 보유금으로 쌓아놓고 있다. 상위 10개 기업이 쌓아놓고 있는 사내 보유금은 대한민국의 1년 예산에 버금갈 정도이다.

대기업의 엄청난 수익으로 인해 대한민국의 GDP는 해마다 빠른 속도로 올라가면서 부자나라가 되어가고 있으나, 대한민국의 절대다수의 삶은 크게 나아지지 않고 있다.

대한민국의 2020년 1인당 GNI는 30,000달러를 넘고 있으나, 대한민국에서 중소기업 이하에 다니거나 자영업에 종사하고 있는 사람들의 평균수입은 월 200만 원을 겨우 넘기고 있는 현실이다. 미성년자나 부양해야 할 부모 중 한 사람이 있는 3인 가정을 평균으로 보면 월 300만 원으로 가족이 생활해야 한다.

대한민국의 평균 GNI로만 보면 3인 가족의 평균수입은 8백만 원은 되어야 하지만, 현실은 그에 비해서 500만 원이나 부족하다. 더 심각한 것은 시간이 갈수록 이 차이가 더 벌어지리라는 것이다. 국가는 부자나라가 되어 있지만, 절대다수의 서민들은 최저임금의 아르바이트 자리도 구하지 못해 일자리를 찾아 헤매는 것이 현실이다. 양질의 일자리가 턱없이 부족한 것이다.

고용 없는 성장의 시대에 대기업들이 엄청나게 쌓아놓은 사내 보유금을 풀어서 고용을 창출할 것을 요구하는 것은 이미 무리이다. 돈을 많이 벌었다고 해서 비효율적인 고용을 유지하거나, 늘리라고 하는 것도 설득력이 떨어진다.

하지만, 지금 이렇게 벌어진 소득격차를 해소하지 않는다면 더 이상 소비 여력이 없는 사람들로 인하여 대한민국의 내수시장은 붕괴되고 말 것이다. 당장 2023년 연말은 그 어느 때보다 소비가 줄어들었다고 아우성이다. 골목 골목마다 새 임차인을 구하는 상가들이 즐비하게 늘어나고 있다. 소비심리는 꽁꽁 얼어붙고 있으며, 내수시장은 붕괴되고 있는 것이다. 대한민국의 내수시장이 붕괴된다고 해도 당장 글로벌 기업이 된 대기업은 망하지 않는다. 이들의 매출 중 국내 매출이 차지하는 비중이 그리 높지 않기 때문에 대한민국의 내수시장이 붕괴된다고 해서 대기업의 매출 위기가 바로 나타나는 것이 아니다. 여전히 세계는 넓고 팔 수 있는 물건은 많기 때문이다.

기본소득의 역할

미국 현지에 공장이 있는 현대자동차와 한국에 공장이 있는 쉐보레가 있다. 미국 현지에 있는 현대자동차와 한국에 있는 쉐보레 중 우리 대한민국에 실질적인 도움을 주는 자동차 회사는 어디이겠는가? 미국 현지에 있는 현대자동차는 미국인 노동자를 고용하고, 거기서 벌어들인 수익 일부를 미국에 세금으로 낸다. 그 반대로 한국에 진출해 있는 쉐보레는 한국의 노동자들을 고용하고 거기서 벌어들인 수익 일부를 한국에 세금으로 낸다.

세계 각국은 외국 자본을 유치하기 위하여 치열한 로비를 펼친다.

한국의 어떤 기업은 외국으로 진출하고, 외국의 어떤 기업은 반대로 한국에 들어온다. 자본은 국경 없이 그들의 수익을 극대화할 수 있는 장소로 움직인다.

한국의 국민 중 절대다수가 구매력을 잃게 된다면, 글로벌 기업들은 필연적으로 구매력을 지닌 다른 나라로 진출하게 되는데, 구매력을 지닌 나라들은 자국에 생산 기지를 만들 것을 요구하게 된다.

기본소득은 전 국민의 수입을 늘려서, 구매력을 잃은 서민들에게 구매력을 강화하는 일을 하게 한다. 그래서 대기업뿐만 아니라 많은 중소기업이 안정적으로 국내에서 매출을 일으킬 수 있는 기초를 다지게 한다.

그렇지만 기본소득을 실현하기 위해서는 소득이 증가한 계층에 대한 확실한 증세가 필요하다.

기본소득을 위해서는 증세가 필요하다

이재명은 기본소득의 실현을 위한 증세에서 첫 번째로 법인세를 더 이상 깎아주지 않고 걷는 것과, 더 나아가 법인세율을 유럽 선진국처럼 늘리는 것부터 시작하려고 한다. 법인세뿐만 아니라 근로소득에 대해서도 엄격한 세금을 부과해야만 하는 것은 당연하다.

법인세율을 높이거나 깎아주지 않는다고 하면, 우리나라는 해당하지 않는 사람들이 보수언론의 논조에 포획되어 반대하는 이상한 현상이 나타난다.

미국의 '건실한 국가재정을 위한 애국적 백만장자들 모임' 소속 20여 명이 워싱턴 의회에 찾아와 세금을 올려달라는 요구안을 전달하고 있다. 블룸버그 연합뉴스

미국에서는 2011년 11월 16일 미국의 백만장자 20여 명이 의회로 몰려가 자신들의 세금을 올려달라고 요구했다. '건실한 국가재정을 위한 애국 백만장자들의 모임' 소속인 이들은 버락 오바마 대통령과 의원들에게 보내는 '우리 세금을 올리라'는 내용의 서한을 들고 의회를 찾았다. 이 서한에는 이 모임 소속 백만장자 138명이 서명했다.

지금도 몇몇 영향력 있는 상위 1%의 자산가들이 법인세 및 부자 증세를 줄기차게 요구했다. 다시 말해 자신들은 돈을 많이 벌고 있으니 세금을 더 내겠다는 것이다. 그런데 우리나라 부자들은 지금 내는 세금도 많다면서 엄살을 떨고 있다.

미국의 바이든 정부는 2021년 4월 29일 절대 낙수효과는 없다면서 "이제 재계와 미국 내 상위 1% 부자들이 공정한 몫을 부담해야 할 때가 됐다."라면서 연간 4억 4천만 원 이상 버는 고소득자의 소득세 최고세율을 37%에서 2.6% 포인트 올리고 주식이나 부동산 매각으로 연 11억 원 이상의 자본이득에 대해서는 최고세율을 현재 20%에서 39.6%로 2배 올리기로 했다. 중산층에는 어떤 세금도 올리지 않을 것이며 상위 1% 수퍼 부자들에 대한 증세를 선언했다. 그래서 3, 4세 어린이집 무상교육, 2년제 지역 전문대학 무상교육, 보육 지원 확대, 가족 돌봄 유급 휴가 확대 등에 투입할 방침이다.

상위 1% 수퍼 부자에 대한 세금 인상은 이미 이재명도 주장한 것이다. 틈만 나면 미국의 정책을 찬양하면서 미국이 하는 대로 하고 싶어 하는 대한민국 언론들이 우리도 이렇게 해야 한다고 보도해주길 바란다. 하지만 우리의 언론사들은 그럴 리가 없다.

윤석열 정부에서는 부자 증세는커녕, 종부세 인하에 이어 상속세 인하를 만지작거리고 있다. 결혼하는 자녀에게 신랑, 신부 측에서 1억 원까지 증여세를 면제하겠다는 구상을 밝혔다. 이미 5천만 원까지 과세하지 않는 것을 고려하면, 1억 5천만 원까지 과세하지 않겠다는 것인데, 1억 5천만 원을 자녀에게 증여할 수 있는 대한민국의 부모가 얼마나 되겠는가?

두 번째는 소득이 있는 곳에 세금이 있다는 확실한 세금 정책이 있어야 한다. 금융소득주식, 예금에 세금을 부과하는 것에 대해서는 이미 익숙해 있다. 하지만 토지 건물 등에 부과되는 세금은 턱없이 부족하다.

땅값이 오르고 아파트 가격이 천정부지로 치솟을 때 더 부담해야 할 세금은 그만큼 따라가지 못하고 있다. 부동산 투기의 광풍을 일으킨 원인도 결국 부동산의 가치가 올라도 부담해야 할 세금이 약하기 때문이다.

10억에 산 아파트가 20억이 되었는데도 재산세가 일이백 올랐다며 세금 폭탄을 맞았다고 아우성치고 있다. 엄밀히 말하면 10억의 불로소득이 생긴 것이고, 불로소득의 최고세율은 상속세 및 증여세로 50%이다. 로또 복권을 사도 1등에 당첨되면 불로소득이라 해서 최고 33%의 세금을 걷어가면서, 아파트에 투기하여 얻은 불로소득에 대해서는 왜 그렇게 세금을 부과하지 않는 것일까.

모든 부동산 개발로 인한 개발수입의 혜택을 전 국민이 골고루 누릴 수 있도록 정확한 징세가 필요하다. 그렇게 하면 전 국민 기본소득이 결코 이룰 수 없는 꿈만은 아닐 것이다.

이재명은 이렇게 마련된 재원으로 초기에는 전 국민에게 월 50만 원 정도의 기본소득을 주고 싶어 한다. 물론 지금 당장 할 수는 없을 것이다. 수퍼 부자의 저항을 뿌리치고 그들에 대해 증세해야만 가능하다. 그래서 월 5만 원이 되든 10만 원이 되든 그 시작을 하겠다는 것이다. 월 10만 원만 주어도 3인 가족 기준으로 30만 원의 가게 수입이 늘어나게 된다. 그리고 그 돈을 지역화폐를 통하여 지급하게 된다면 소상공인의 매출도 늘어나게 되는 것이다.

중산층 이하 가정에는 수입이 증가하고, 소비가 늘어나니 경제는 활력이 생기고, 그로 인해 다시 국가의 세수도 늘어나는 효과가 나타날 것이다.

저항 없는 증세를 통해 기본소득 재원 마련

이재명의 핵심 정책인 전 국민 기본소득의 재원으로 구상하고 있는 것이 '기본소득토지세'이다. 기본소득토지세는 법을 신설해야 한다. 현재 우리나라의 주택, 토지에 대한 보유세 실효세율이 낮으며, 매매 거래 과정에서 보유세를 매도자에게 전가, 개인 및 법인인 부동산 투기 심화를 부추기고 있다는 것이 이재명의 생각이다.

매매가 이루어져 시세차익이 발생할 때 한하여 징수하는데, 이마저도 장기 보유를 했을 경우 대폭 삭감되고 있다. 매매 거래가 이루어질 때만 발생하는 보유세 대신에 기본소득토지세를 신설해서 공정한 세금 징수와 부동산 투기 차단을 동시에 이루겠다는 것이다. 이를 통해 징수한 기본소득토지세 전액을 전 국민에게 '토지배당' 형식으로 기본소득화한다는 것이다.

토지와 건물을 사고파는 과정에서만 양도세, 취득세가 발생하는데, 양도세, 취득세에 대한 세율은 내려서 거래를 활발하게 하고, 현재 실시되고 있는 거래가격의 투명성을 통해서 공시가격을 실거래가격에 맞춰 산정하고, 고시가격에 부과되는 재산세율을 높인 '기본소득토지세'로 거둬들인 증세분은 전액 지역화폐를 통해 전 국민에게 균등하게 환급하자는 것이다.

저항이 있는 증세가 성공하려면 증세가 징벌이 아닌 납세자 이익이 되도록 설계하고 또 납득시켜야 한다. 민주국가에서 조세는 전액 국민을 위해 쓰이므로 나쁜 것이 아니지만, 낭비나 부정부패에 따른 불신으로 세금은 내는 만큼 손해라는 불신이 팽배한 것이 현실이다.

개인 토지 소유자 상위 10%가 전체 개인 토지의 64.7%를, 법인 토지 소유자 상위 1%가 전체 법인 토지의 75.2%를 소유할 정도로 토지 불평등이 심각한데, 부동산 증세액을 공평하게 환급하면 소득분포상 국민 90% 이상이 내는 세금보다 혜택이 더 많게 된다.

단기 소멸 지역화폐로 기본소득을 지급하면 소비 매출과 생산 및 일자리 증가로 경제가 활성화되고, 경제활성화 이익은 대부분 고액 납세자에 귀속되므로 조세저항은 매우 적을 것이다.

기본소득 지방정부협의회

이재명 경기도지사의 제안으로 기본소득의 필요성에 대한 공감과 정책 제도화를 위해 모인 협의체인 '기본소득 지방정부협의회'가 만들어졌다. 경기도뿐만 아니라 전국의 지자체에서 많은 곳이 참여했다.

2021년 7월 28일 경기도중앙협력본부 서울사무소에서 제1차 정기회의를 열고 회장에는 이선호 울주군수가 오산시장인 필자는 부회장에 선출되었다. 기본소득 지방정부협의회는 기본소득 정책 도입을 위한 국민적 공감대 형성, 기본소득의 전국화 및 제도화 촉진 및 관련 정책의 실천방안을 모색하기 위한 지방정부 간의 협의 등의 활동을 이

2021년 7월 28일 기본소득 지방정부협의회 정기회의

어갔다.

　당시 필자는 경기도시장군수협의회 회장을 맡고 있었는데 기본소득 지방정부협의회 부회장도 맡게 되었다. 필자는 "평소 기본소득에 관심이 많았는데 기본기본소득 지방정부협의회 부회장직으로 선출되어 매우 기쁘기도 했고 무한한 책임감을 느낀다."며 "기술의 진보가 가져온 고용불안, 경제적 불평등 심화의 대안으로 떠오른 기본소득이 새로운 복지적 경제정책이 되어 전국 지방정부에서 통용될 수 있도록 최선을 다할 것"이라고 말했다.

　정권이 바뀌고 지방정부 권력도 국민의힘으로 이동해서 동력을 많이 잃은 것이 사실이다. 하지만 2024년 총선을 재출발의 분기점으로 삼아야 한다. 많은 국민이 기본소득에 대한 기대가 크다.

기본소득과 단기 소멸 지역화폐가 결합한다면 침체한 내수 시장에 활력을 넣는 것은 물론이고, 이를 통해 3% 이상의 경제성장률을 견인하게 될 것이다.

2024년 총선에서는 지난 대선보다 더 깊이 있는 기본소득 논의가 진행되기를 바란다.

오산 지역화폐 오색전

윤석열 정부 지역화폐 예산 0원 편성

윤석열 정부는 2024년 예산안에서 2022년도에 이어 2023년도에도 지역사랑상품권 예산을 '0원'으로 제출했다. 문재인 정부 때 편성된 2022년 지역사랑상품권 국비 예산은 6,053억 원이었다. 반면 윤석열 정부는 2023년 지역사랑상품권 예산을 전액 삭감했다. 하지만 민주당이 강력하게 밀어붙여 3,525억 원이 반영되었다. 전년보다 41.7% 감소한 규모다.

2024년 예산에서도 윤석열 정부는 다시 전액 삭감해서 예산안을 국회에 제출했다. 하지만 민주당은 2023년 11월 9일 행정안전위원회에서 7,053억 원을 증액하는 내용을 담은 내년도 정부 예산안을 의결했다. 예산 증액에 반대해 온 국민의힘 소속 행안위원들은 표결 강행에 반발하면 집단 퇴장을 했다.

행안위가 의결한 지역사랑상품권 예산은 국회 예산결산특별위원회와 본회를 거쳐 확정된다. 하지만 예산 증액은 정부 동의가 필요해 여야 협상 과정을 거쳐 최종적으로 3,000억 원으로 결정되었다.

지역사랑상품권은 일명 지역화폐로 대표적인 '이재명표 예산' 중의 하나이다. 그래서인지 윤석열 정부는 한사코 지역사랑상품권 예산을 없애려 하고 있다.

지역화폐란 무엇인가?

이재명 더불어민주당 대표는 2023년 11월 2일 기자회견에서 경제 성장률 3%를 회복해야 한다면서 "소득지원과 지역경제 활성화라는 이중 지원 효과가 증명된 지역화폐를 통해 신속히 내수를 회복하고, 지역경제와 골목경제를 살려야 한다."고 주장했다. 그러면서 내년도 예산 심의 과정에서 "지역화폐 예산을 증액하겠다."고 말했다. 중장기적으로는 지역사랑상품권 발행·지원을 의무화하겠다고도 했다.

전국의 모든 재래시장에서 사용할 수 있는 온누리상품권과는 달리 지역사랑상품권은 지자체 내의 소매점에서만 사용할 수 있다. 단, 온누리상품권과 같이 지역 내에 있다 하더라도 일정 정도 이상의 대형 마트에서는 사용할 수 없다. 소상공인 업장에서만 사용할 수 있다고 보면 된다. 예전에는 보통 종이상품권을 발행했는데, 요즘은 카드 형태로 발행하고 있다.

지역 주민들뿐만 아니라 외지인도 지역사랑상품권을 구입할 수 있는데 통상 10% 할인된 가격으로 구입할 수 있다. 소매점에서 1만 원어치의 물품을 살 수 있는 1만 원 상당의 지역사랑상품권을 9,000원에 살 수 있다. 차액 1,000원은 중앙정부와 지방자치단체 예산으로 보조한다. 정부 지원이 줄면서 지자체 재원만으로 발행하는 경우가 늘고 있다.

지역 내에서만 사용할 수 있다 보니 온누리상품권에 비해 사용이 다소 제한되기도 하지만, 지역 내의 소비를 활성화해서 지역 경제회복에 마중물이 되고 있다.

대한민국에서 지역사랑상품권이 처음 사용된 곳은 1996년 강원도 화천에서 발행한 '내 고장 상품권'이 최초이다. 하지만 '지역화폐'라고 명명하면서 본격적으로 대규모로 발행한 곳은 이재명 대표가 시장으로 있던 성남시였다. 2016년 성남시는 전국 최초로 청년배당을 했는데 이 배당을 성남사랑상품권이라는 지역화폐로 지급했다. 기본소득 패러다임으로 출발한 청년배당을 이재명 당시 시장이 지역화폐로 지급하면서 점차 발행을 확대했다. 이재명 시장은 지역화폐의 효용성을 강조하면서 지역화폐 전도사가 되었다. 이후 경기도 지사가 되면서 경기도의 모든 지자체에서 지역사랑상품권을 발행하게 되었다. 지금은 경기도뿐만 아니라 전국의 대부분 지역에서 지역사랑상품권을 발행하고 있다.

경기도 지원사업에 오색시장 선정과 오산화폐 오색전

필자가 3선 오산시장으로 업무를 시작할 때 이재명 성남시장은 경기도 지사가 되었다. 경기도 지사가 되어서 가장 먼저 한 일은 성남에서 성공을 거뒀던 지역화폐를 경기도 전역으로 확대한 것이다. 그때 그 어느 지자체보다 적극적으로 발행하고 사용을 장려한 곳이 오산시였다.

오산 지역화폐 오색전

오산시는 2019년 4월 15일 오산 지역화폐 '오색전'을 공식 출시했다. 오색전은 전국 명칭 공모를 통해 만들어졌다. 전통적인 오방색을 기초로 오산의 상징 5가지인 흑(까마귀), 황(은행나무), 적(매화), 청(오산천), 백(독산성과 세마대지)이 오산을 더 빛나게 하듯, 오산 경제를 빛나게 하는 복덩어리가 되었으면 하는 염원을 담아 오색전이란 명칭이 탄생했다.

당시 경기침체로 소상공인의 경영난과 전통시장 매출이 감소하는 추세였는데, 여기에 더해 대형마트의 점포 확정으로 골목상권이 위협받고 있었다. 지역화폐는 소비자를 소상공인의 점포로 유인함과 동시에 지역 밖에서 소비를 억제하는 효과가 기대되었다.

이재명 경기도 지사는 2021년 9월 13일 추석 명절을 앞두고 오산에서 제일 큰 전통시장인 오색시장을 찾아 우리 경제의 향후 과제로 '다함께 잘사는 길'을 손꼽으며, 지역화폐 정책을 통한 골목경제 활성화와 중소기업 지원의 중요성을 강조했다.

이재명 지사와 필자가 오산시장에서 오색전으로 장을 보고 있다.

이재명 지사는 이 자리에서 "지역화폐를 쓰면 소비 승수효과, 재정 승수 효과가 크다. 똑같은 돈을 써도 지방에, 골목에, 서민에게 쓰면 경제 활성화 효과가 훨씬 크다."고 강조했다.

또한 이재명 지사는 "서민들의 생계터전이자 공동체 교류의 장인 전통시장과 골목 경제가 사는 것은 개인에게도 국가에도 정말 중요한 과제"라며 "모두가 재미있고 행복한 세상을 위해 경기도가 열심히 노력하겠다"고 말했다.

특히 오색시장이 그해 경기도 지원사업에 선정돼 도입한 '전통시장 온라인 장보기 시스템'을 활용, 배달특급과 연계한 온라인 주문부터 지역화폐를 활용한 결제, 신속한 배송 등을 직접 시연하며 편리함을 직접 확인하고 홍보하는 시간도 가졌다.

'전통시장 온라인 장보기 시스템'은 코로나19와 디지털 전환에 따른 비대면 경제환경에 대응, 전통시장에 온-오프라인 배송 시스템을 구축해 매출 증대와 경쟁력 강화를 도모하고자 추진하는 신규 시범사업이었다.

오색전의 모바일 간편결제 서비스

필자가 시장으로 재임하던 2021년 6월 1일부터 오산시는 삼성페이를 통해 지역화폐 오색전의 모바일 간편결제 서비스를 본격적으로 시행했다.

오산시는 코로나19로 침체한 골목 경제를 활성하고자 소비지원금을 오색전 카드를 통해 지급했다. 오색전 20만 원 이상 사용자 또는 20만 원 이상 최초 충전자에게 5만 원의 혜택을 제공하는 이벤트도 진행했다.

오색전은 경기지역화폐 앱 또는 관내 오산농협, 새오산신협, 새마을금고에서 신규로 발급받을 수 있으며, 이용 희망자는 삼성페이 앱에 기존에 보유하고 있거나 새로 발급받은 오색전을 등록삼성페이에서 내 카드 추가한 후 오색전 가맹점에서 카드 단말기에 터치하여 결제삼성페이에서 결제할 카드 선택 후 비밀번호 입력가 가능하다.

이로써 대중적 선호도가 높은 삼성페이 도입으로 시민들이 언제 어디서나 지역화폐를 편리하게 이용할 수 있게 되었다. 모바일 결제서비스 이용 확대로 소상공인과 전통시장 등 지역경제가 활성화될 수 있도록 했다.

'오색전'은 '한국의 가장 사랑받는 브랜드 대상' 시상에서 지역화폐 부문 대상을 수상하기도 했다.

필자는 시상식에서 "오색전이 앞으로도 소상공인에 활력을 불어넣길 바란다. 이번 수상을 계기로 더욱 사랑받는 브랜드로 거듭나도록 하겠다."고 말했다.

이재명의 성남시가 쏘아 올린 지역화폐의 효용성을 오산시에서 꽃 피웠다. 하지만 정권을 빼앗기고 나서 윤석열 정부는 지역화폐를 끊임없이 홀대하고 있다.

이상민 행정안전부 장관은 2023년 11월 8일 국회 예산결산특별위원회에서 민주당 의원의 질의에 "지역사랑상품권이 지역 경제에 도움이 된다는 의견을 많이 듣고 있다."고 말했다. 하지만 그는 지역화폐의 효용성을 인정하면서도 지역화폐 예산을 전액 삭감하는 폭거를 저질렀다. 국가의 경제를 살리는 데 아무리 효과가 있어도 이재명표 예산은 절대 용납할 수 없다는 몽니를 부리고 있는 것이다. 이럴 때일수록 민주당은 지역화폐를 지키고, 대한민국의 소상공인을 지켜야만 한다.

경기도 배달앱 배달특급의 전도사 오산시

배달의 역사

대한민국은 배달의 민족이라는 카피로 배달 시장을 독점하고 있는 기업이 '배달의민족'이다. 한국에서 배달은 해방 이후 중국집을 중심으로 자리 잡았다. 1970년대 80년대에도 이른바 '철가방'이라고 불리는 철제 사각박스로 자장면이나 짬뽕을 배달해서 먹었다.

농사철이면 이른바 새참이라고 해서 하루 몇 끼씩 아낙네들이 식사를 나르던 것은 한국 농경사회의 오래된 전통이기도 했다. 하지만 농촌의 일손이 부족해지면서 밥을 나르던 아낙네들도 작업에 참여하게 되고 더 이상 새참을 이고 나르는 일은 없게 되었다. 그 자리를 철가방이 차지했다.

중국집 상호가 적힌 깃발이나 광고판을 달고 동네 골목을 휘저으던 모습도 인터넷이 일상화되면서 새로운 모습으로 바뀌었다. 특히 코로나19 이후 중국집에서나 배달하던 서비스가 치킨, 피자, 회, 커피 등

배달이 안 되는 품목이 없을 정도가 되었다.

배달 서비스를 하는 업장은 전에는 기사들을 직접 고용했으나, 배달이 많지 않은 소규모 업종을 시작으로 외주를 맡기기 시작했다. 소상공인들에게는 매출의 확대를 가져왔고, 배달기사라는 새로운 고용시장을 창출했다.

배달의민족은 배달업 자체가 사업적으로 성공할 수 있다는 것을 선도적으로 보여줬다. 그들의 창의적인 사업개발은 칭찬받아 마땅하다. 그들이 대한민국 요식업의 규모를 키웠다고 해도 과언은 아니다.

하지만, 배달의민족의 급속한 성장은 배달비가 음식값에 포함되거나, 업장의 마진을 줄이는 부정적인 영향도 있었다. 차츰 배달비는 인상이 되었으며, 배달비의 수수료는 그대로 사업장의 고통으로 다가왔다.

코로나19 시기에 대기업 쿠팡마저 '쿠팡이츠'라는 브랜드로 배달업 시장에 뛰어들었다. 지금은 '쿠팡이츠'와 '배달의민족', '요기요'의 3대 업체가 장악하고 있다. 배달 시장은 이들 기업의 독과점이 여전히 진행되고 있는 상황이라고 보면 된다.

특히 소상공인 입장에서는 높아진 배달 수수료와 3.5% 내외의 카드 매출 수수료도 부담이 되었다. 그래도 이 정도는 견딜만하다. 소상공인을 가장 힘들게 하는 것은 광고비라고 할 수 있다.

공공 배달앱의 탄생

요식업 소상공인 입장에서 배달의민족 같은 배달앱을 이용하려면, 일단 가입비와 수수료를 내야 했다. 앱에 자신의 상호를 노출하기 위해서는 광고를 해야 한다. 특히 상단에 노출하기 위해서는 보다 높은 광고료를 지불해야 하는데, 광고료를 내지 않을 경우 노출이 거의 안 되어서 매출로 이어지지 않는다. 그렇다 보니 요식업 점주들은 매달 25만 원 이상의 광고료를 지불해야 했다.

소상공인의 이런 어려움을 덜어주고자 2020년 3월 13일 전라북도 군산시에서는 직접 배달앱을 만들었는데 그것이 바로 '배달의명수'이다. 앱 개발비는 물론 운영비도 모두 군산시에서 부담했는데 개발비만 1억 3천만 원을 투입했다. 여기에 운영비 1억 5천만 원도 부담했다.

당시 군산에서는 배달 수수료를 업주 측에서 부담했는데, 요식업 업주는 배달비 중 일부를 음식 가격에 포함시켜 실질적으로 소비자도 배달료의 일부를 부담하게 했다. '배달의명수'는 수수료를 군산시가 부담함으로써 소비자에게 배달료가 전가되는 것을 막았다.

소비자 입장에서 봐도 배달료의 일부를 부담하지 않아도 될 뿐만 아니라 지역사랑상품권으로도 구매할 수 있게 해서, 10%의 할인 혜택까지 받을 수 있게 했다. 지역사랑상품권은 해당 지역 내 소상공인 업장에서만 사용할 수 있는 선불 상품권으로 10% 할인된 가격으로 구매할 수 있다.

배달의명수는 2만 명이 가입할 정도로 선풍적인 인기를 끌었지만 민간 개발 앱 업체에는 여전히 밀렸다.

경기도의 배달앱

배달의민족은 2020년 4월 1일 수수료 제도를 정액제에서 정률제로 개편했다. 이로 인해 소상공인들이 금액에 제한이 있는 정액제와 비교해 매출 규모에 따라 수수료가 기하급수적으로 증가하게 돼 부담이 커지게 되었다.

이재명 지사는 2020년 4월 4일 자신의 페이스북에 "독과점의 횡포가 시작되는가 봅니다. 뭔가 대책을 세워야겠습니다. 안 그래도 힘든 상황에서 힘 좀 가졌다고 힘없는 다수에게 피해를 입히며 부당한 이득을 얻으면 되겠습니까? 독과점과 불공정 거래로 불평등과 격차를 키우면 결국 시장경제 생태계가 망가지고 그 업체도 결국 손해를 봅니다."라고 적으며 새로운 정책을 예고했다.

이후 이재명 지사는 "공정한 시장경제 질서를 어지럽히는 독점과 힘의 횡포를 억제하는 것은 공정거래위원회만이 아니라 지방정부를 포함한 모든 정부 기관의 책무"라며 "입법으로 해결하는 것이 가장 바람직하지만, 이를 기다리지 않고 공공 앱 개발 등 지금 당장 경기도가 할 수 있는 일부터 해 나가겠다."고 밝혔다.

이재명 지사는 4월 9일 수원 도청 사무실에서 강임준 군산시장이 참여한 가운데 '배달의명수' 기술자문 및 상표를 무상으로 사용하기로 하는 협약을 체결했다.

이재명 지사는 2020년 12월 군산시의 배달의명수를 벤치마킹해서 '배달특급'을 선보였다. 경기도 내의 모든 행정구역에서 사용할 수 있게 했다.

배달특급의 디자인은 소비자와 도민이 이용하기 편하게 설계되어 있다. 먹고 싶은 메뉴와 테마 별로 잘 나뉘어있고 해당 메뉴를 누르면 자신이 살고 있는 지역을 중심으로 배달특급에 입점된 업체를 모두 볼 수 있다. 픽업과 배달 등 관련 서비스도 직접 고를 수 있어 공공배달앱이라는 편견 없이 자유로운 주문이 가능하게 했다.

오산 배달특급

2020년 8월 20일 오산시는 지자체 중 가장 먼저 경기도주식회사의 공공배달앱 사업에 참여했다. 오산시는 경기도청 신관 상황실에서 경

기도, 화성시, 파주시, NHN페이코, 경기도주식회사, MBC 등 6개 기관과 공공배달앱 사업 업무협약을 체결했다.

협약의 주요 내용은 공공배달앱 사업 투자 및 발전을 위한 관계기관 협력과 행정지원 등 제반 사항에 대한 합의와 적극적인 협력 등이다. 공공배달앱은 NHN페이코가 앱 개발을 전담하고 오산시는 이에 따른 가맹점 모집 및 배달앱 활성화를 위한 행정을 지원하기로 했다.

협약에 따라 오산시는 가맹점 사전접수 홍보를 하고, 희망일자리 사업을 통해 선발된 마케터 9명이 주요 상권에 있는 매장을 직접 방문해 가맹점을 모았다. 오산 지역 커뮤니티경기도주식회사, 한국외식업중앙회 오산지부, 오산시 소상공인연합회, 오행공 맘카페와도 협약을 통해 공공 마케팅에 나서는 등 긴밀히 협조했다. 이렇게 노력한 결과 공공배달앱 가맹점 수는 1,300여 개로 목표 대비 142% 초과 달성했다.

필자는 공공배달앱은 일부 업체의 독과점으로 인한 피해를 해소하는 것은 물론이고, 언택트* 시대의 새로운 판로 개척 방안이라고 생각한다. 성공적인 정착을 위해서는 소비자 이용이 필수이다. 소비자의 혜택이 극대화될 수 있도록 지역화폐 오색전과의 연계를 통해 이용을 장려했다.

오산시는 비록 지금 국민의힘 소속 단체장이지만 배달특급만큼은 열심히 홍보하고 있다. 지방정부의 단체장이 바뀌더라도 지속적인 사업이 필요하다.

필자는 지역사랑상품권에 이어 공공배달앱까지 이재명 대표가 관심을 두고 있는 사업에 대해서 누구보다 적극적인 행정으로 뒷받침했다.

---

* 언택트는 사전적 의미로는 접촉을 뜻하는 콘택트(contact)와 이것을 부정하는 뜻의 언(un)이 합쳐져 언택트(untact)라는 말이 만들어졌다. 즉, 접촉하지 않는다. 비대면을 뜻한다.

생태도시 오산

원자력은 친환경이 아니다

요즘 탄소배출권에 관한 관심이 높아지고 있다. 탄소배출권이란 사업장 혹은 국가 간 탄소배출 권한에 대한 거래를 허용하는 제도를 말한다. 각국이 배출할 수 있는 탄소량의 제한을 두고 이를 어기면 각종 불이익을 받게 된다. 탄소배출을 더 하려면 다른 국가로부터 탄소배출권을 구입해야 한다. 심각해지고 있는 지구의 환경을 지키기 위한 전 세계적인 자구책으로 볼 수 있다.

지금 온난화의 주범으로 지목받고 있는 것이 이산화탄소CO_2이다. 이산화탄소는 지구와 같은 행성에서 온실효과를 만들어 지구의 열이 우주 밖으로 빠져 나가지 못하게 하는 비닐하우스 같은 역할을 한다. 인간이 화석연료를 사용하기 전까지 이산화탄소는 식물의 광합성 작용에 의해 탄소C는 나무 기둥이나 줄기에 저장이 되고, 산소O는 배출되어 산소호흡을 하는 생물들에게 공급되었다. 이들은 산소호흡을 통해 다시 이산화탄소를 배출하는 선순환 구조를 이루었다.

하지만, 나무, 석탄, 석유 등 화석연료의 사용이 늘면서 탄소가 19세기 이후 급속도로 배출되었다. 탄소의 과잉은 자연스럽게 이산화탄소량의 증가로 이어져 지구가 급속도로 뜨거워지는 결과를 만들어냈다.

그래서 전 세계에서는 탄소를 배출하지 않는 에너지원에 대해서 고민하기 시작했다. 지구에서 사용되는 에너지는 대부분 전기로 만들어져 소비자에게 공급된다. 탄소를 배출하지 않는 에너지 생산 방식이 친환경 에너지라고 보면 된다.

윤석열 정부는 원자력이 이산화탄소를 배출하지 않는 근거로 들어서 원자력발전이 친환경 에너지 생산 방식이라 주장하고 있다. 그래서 한국형 원자력 발전소를 늘리고, 세계 각국에 원자력 발전소를 수출하려고 하고 있다. 이와 더불어 박근혜 정부 시절부터 문재인 정부까지 지속적인 발전을 거듭해서 마침내 세계적인 기술을 보유한 태양광 발전에 대해서는 각종 규제를 통해 성장을 억제하고 있다.

결론부터 말하자면 원자력은 친환경이 아니다. 세계 어느 나라도 원자력을 친환경 에너지로 분류하고 있지 않다. 윤석열이 그토록 친애하는 나라 일본도, 사모하는 나라 미국도, 경멸하는 나라 중국도, 유럽도 원자력을 친환경 에너지로 인정하지 않는다. 윤석열은 탄소를 배출하지 않으므로 친환경이 맞다며 세계 각국을 설득해서 친환경 에너지로 인정받겠다는 태도인데, 그럴 가능성은 제로이다. 원자력이 친환경으로 인정받지 못하는 것은 비록 탄소를 배출하지 않지만, 폐기물을 지구에서 영원히 격리할 방법이 없기 때문이다. 또한 일본 후쿠시마 원전 사고처럼 사고가 발생하면 그동안 얻은 이익보다 더 큰 손실을 보게 된다. 그리고 또 하나 있는데 윤석열은 이 부분은 이해하지 못하는 것 같다. 바로 친환경 에너지만을 사용하게 해서 화석연료에 의존해서 공산품을 만들어야 하는 개발도상국들의 진입장벽을 높이고자 함이다. 그동안 개발도상국들은 풍부한 화석연료와 값싼 노동력을 바탕으로 발전해 왔는데, 풍부한 화석연료 대신 값비싼 투자를 통해 생산되는 태양광 등 친환경 에너지를 사용할 여력이 되지 않는다. 당연히 이들의 경제발전 속도가 늦춰질 수밖에 없다.

오산에 맞는 친환경 에너지

지난 대선 기간 윤석열은 RE100이 뭔지 몰라서 망신을 산 적이 있다. 그때는 모를 수 있다고 쳐도 여전히 윤석열은 RE100에 관심이 없다. RE100은 친환경 에너지 100이라는 뜻으로, 제품을 생산하는 데 있어 친환경 에너지를 100% 사용하겠다는 뜻이다.

지금 세계 각국은 친환경 에너지로 생산되지 않은 제품에 대해서는 유통을 못 하게 하는 방향으로 가고 있다. 그런데 윤석열은 친환경 에너지에는 관심이 없고, 오직 원자력에만 관심이 있다 보니, 친환경 분야에서 선두를 달리는 국내의 친환경 기업들이 많은 어려움을 겪고 있다.

친환경 에너지를 생산에 부품을 제공하는 업체뿐만 아니라, 삼성,

LG 등 대기업도 친환경 에너지를 구하지 못해 걱정하고 있다. 당장 우리 오산시 옆 동네인 평택에 있는 삼성전자도 몇 년 안에 친환경 에너지로 생산해야 하는데, 문제는 한국에는 삼성에 공급할 친환경 에너지가 없다는 것이다.

필자는 오산에서 3선 시장을 역임했다. 그렇다 보니 오산에 맞는 여러 가지 방안에 대해 고민해 왔다.

오산에는 공장이 많이 들어서 있으므로 이들을 대상으로 이산화탄소 배출량을 줄이는 대책이 필요하다. 공공기관이나 탄소를 배출하는 공장들을 대상으로 가축분뇨를 이용한 에너지 생산을 유도하고 신재생에너지 도입을 의무화하는 방식으로 탄소 배출을 조금씩 줄여나가야 한다. 그리고 앞으로 새로 짓는 건물에도 이러한 제도를 도입해 확대시켜 나가야 한다.

오산은 큰 도시가 아니기에 웬만한 곳은 자전거로 이동이 가능하다. 더욱이 현재 자전거 도로가 잘 정비되어 있으므로 이것을 활용해 환경문제에 적극 대비해야 한다. 자전거를 타고 가다가 사고가 나는 경우 시에서 보상해 주기 위해 자전거를 이용하는 시민에게 일괄적으로 자전거 상해보험을 가입시켜서 자전거 이용을 장려하는 것도 좋은 방법이다.

일찌감치 환경도시를 만들기 위해 노력해 온 독일의 프라이부르크와 브라질의 쿠리티바의 사례는 우리가 배워볼 만하다.

독일의 프라이브르크

예전에 TV를 통해 알게 된 성공적인 환경 도시가 있다. 이들은 실제로 대중 교통수단으로 자전거를 이용하며 탄소를 배출하지 않는 방법을 생활화하고 있다. 바로 독일의 환경 수도라 불리는 인구 20만 명의 프라이부르크Freiburg이다.

이 도시는 이미 1986년 환경문제 전반에 대해 종합대책을 수립하면서 태양에너지 개발정책을 추진했다. 그 결과, 프라이부르크 교외 뮌징겐 지역에는 태양으로 에너지를 생산하는 주택단지 '솔라 가든'이 가득하다. 뿐만 아니라 이 지역에서는 일찍이 에너지 절약을 제도화하여 자전거 도로망을 확충하고 주택가에서의 차량을 제한하여 자전거만으로 어디든 갈 수 있는 환경을 조성했다. 이로써 배기가스, 소음, 교통사고 등을 줄이게 되었다. 이곳에서는 모든 기업이 환경을 염두에 두고 상품을 생산하고 재활용하며, 농부들도 에코 농사를 짓고, 심지어 은행은 환경친화적인 프로젝트나 기업에만 융자나 투자를 해 주기도 한다.

행정가, 사업가, 시민들이 하나로 뭉쳐 환경을 생각하고, 현재의 편안함보다는 깨끗한 미래를 위해 고민하고 실천하면서 현재의 환경수도를 이룩해 놓았다. 그래서 지금은 독일을 넘어 전 세계에서 제일의 환경 도시로 인정받고 있다. 미래를 내다보는 안목과 그것을 뒷받침하는 행정이 가져다 준 위대한 승리라고 할 수 있다.

브라질의 쿠리티바

쿠리티바Curitiba는 인구 170만 정도의 농업지역이며 파라나 주의 수도이다. 쿠리티바는 한때 치안부재와 교통혼잡, 환경오염 등 남미의 도시들이 안고 있는 많은 문제점들이 예외 없이 있었다. 이런 도시가 어떻게 생태도시로 거듭날 수 있었을까? 바로 건축학도 출신의 전 쿠리티바 시장 자이메 레르네르Jaime Lerner의 노력 덕분이다.

그는 환경과 사람을 도시계획에 중심에 놓았고, 그의 도시계획으로 탄생한 변모된 쿠리티바는 1990년 효과적인 에너지 절약으로 '국제 에너지 보존기구 최고상'을 수상하고, 세계의 대표적인 생태도시로 거듭나게 되었다.

이곳에는 1989년에 시작한 '쓰레기 아닌 쓰레기'라는 프로그램이 있다. 빈민촌 곳곳에 대형 쓰레기 수거함을 갖다 놓고 주민들이 음식물 쓰레기 봉투 5개를 가져오면 음식 바구니와 교환해준다. 이 음식은 시에서 도시 주변의 농민들로부터 구입한 잉여 농산물이다. 수거된 쓰레기는 재활용센터로 보내진다. 재활용센터에서 일하는 사람들은 대부분 장애인, 알코올중독자 등 빈민들로 구성된다. 한마디로 쓰레기처리, 환경보호, 잉여 농산물 처리, 빈민구제가 동시에 이루어지는 절묘한 시스템이라 할 수 있다.

쿠리티바에는 세계에서 손꼽히는 '꽃의 거리'라 불리는 보행자 도로와 약 170km 이상 되는 자전거 전용 도로망이 설치되어 있다. 이 자전거 전용도로를 이용하는 사람들이 늘어남에 따라 대기오염 및 자동차 사고가 획기적으로 줄어들었다. 이 밖에도 교통 시스템과 생태보존 계획은 각 도시들이 벤치마킹할 만큼 매우 성공적이다.

생태도시 오산으로 거듭나야 한다

오산도 우수한 환경을 갖추고 있는 도시다. 면적에 비해 많은 산이 있고, 전국적인 규모의 수목원이 있으며, 오산천이라는 생태하천이 도시를 관통하고 있다. 필자는 오산시장으로 12년간 재임하면서 생태하천을 만들기 위해 심혈을 기울여 왔으며 매우 좋은 평가를 받았다.

오산이 세계적인 생태도시로 도약하기 위해서는 가장 먼저 오산시민들이 환경마인드로 무장을 해야 한다. 한 명 한 명 생활 속에서 에너지 절약과 환경보호를 실천하고 무엇이 환경을 위한 길인가를 끊임없

오산천 청소

이 고민할 때 생태도시라는 큰 그림이 완성될 수 있다. 이제 환경보호는 선택이 아닌 우리의 생존이 걸린 문제다. 20세기 환경을 무시한 발전 위주의 개발은 결국 생태계 파괴라는 심각한 결과를 가져왔다. 우리가 100년 앞을 내다보는 개발을 하지 않으면 우리의 후손들이 그 피해를 고스란히 입을 수밖에 없다. 환경보존은 우리는 물론 우리 뒤에 올 세대들을 위한 배려이자 우리가 그들에게 줄 수 있는 선물이기도 하다.

생태도시를 만들어야 하는 것은 오산시만의 문제가 아니다. 대한민국 전체의 문제이기도 하다. 우리 민주당은 전국에 있는 지자체들이 환경도시, 환경농촌, 환경어촌을 만들 수 있도록 제도적으로 뒷받침해야 한다. 하지만 지금의 윤석열 정부는 환경에는 관심이 없다. 대한민국을 전리품으로 생각하는지 온통 검사들의 나라로 만들기 위해 안간힘을 쓰고 있다. 친환경 에너지에는 관심이 없고 오직 원자력 생태계를 키우는 데 혈안이 되어 있다. 우리 민주당이라도 중심을 잡고 친환경 정책을 수립해야 한다.

2장

민주당의 승리를 위하여

권리당원이 민주당의 주인이다

대선 패배 이후 민주당에 입당한 이들

지난 2022년 대선에서 득표율 0.7%, 247,077표 차이 패배라는 결과를 받아 든 이재명 후보를 향한 아쉬움과 미안한 마음으로 이른바 '개딸'로 불리는 이삼십 대 여성들이 대거 민주당에 입당했다. 민주당은 그 숫자가 대략 30만에 달한다고 했다.

민주당은 당비를 매월 1천 원씩 6개월 이상 납부한 당원에게 권리당원이라는 자격을 주며, 권리당원에게는 각종 당내 선거에서 선거권을 준다. 대선 이후 입당하고 당비를 낸 당원들에겐 아쉽게도 지난 민주당 당대표 선거에서는 투표권이 없었다. 당원 가입 기간 6개월을 채우지 못했기 때문이다. 이로 인해 권리당원에 대한 과도한 자격 규제라는 비판을 당내에서 일었다.

보통 대선이나 총선에서 패배하면 당원들이 가입하기는커녕 실망해서 기존에 있던 당원들도 탈당하는 경우가 대부분이다. 하지만 지난 대선에서는 패배했음에도 불구하고, 매우 능력 있는 후보가 선택되지 못하고 무능함이 예상되는 형편없는 후보에게 진 결과에 분노한 젊은 유권자들이 패배한 이재명 후보를 응원하기 위하여 민주당에 입당했다.

이재명 대표 역시 대선 이후 곧 치러진 지방선거와 국회의원 보궐선거를 통해서 당원 가입을 독려했다. 당원 가입뿐만 아니라 최소 1,000원의 당비를 내서 6개월 뒤에 권리당원 자격을 취득해서 민주당의 변화를 주문해달라고 주문했다.

권리당원의 자격

권리당원의 위력은 최근 들어 더욱 강해졌다. 국민의힘에서 이준석이 당대표까지 될 수 있었던 것도 이삼십 대 남성들이 이준석을 지지하기 위하여 대거 입당했기 때문이다. 그 결과 국민의힘에서는 36세의 젊은 당대표가 탄생할 수 있었다.

민주당의 권리당원에 해당하는 것이 국민의힘은 책임당원인데, 국민의힘은 지난 대선을 앞두고 20021년 9월 '1년 중 3회 이상 당비를 납부하고 교육 1회 이상 참여'한 당원에게 주어지던 책임당원의 요건을 '당비 1회 이상 납부'한 당원들에게까지 확대해서 신규당원의 입당을 독려했다.

국민의힘에 비해서 민주당은 6회 이상 당비를 납부한 당원들에게만 권리당원의 자격을 줌으로써 대선 및 당대표 선거에서 투표에 참여하고자 하는 당원들의 열기를 떨어뜨렸다. 결과적으로 충성도가 높고 열정이 높은 당원들의 의사를 배제했다.

대한민국을 대표하는 민주정당인 민주당이 국민의힘만도 못한 방식을 고수한다는 비판을 받았다. 경선에 참여하는 후보들이 새로 유입된 당원들의 정치적 성향으로 인해 유불리를 따지면서 민주적 대의 원칙을 외면했다.

이재명은 가능하면 6개월인 규정을 3개월 이하로 낮춰 민주당의 변화를 갈망하면서 입당한 신입 당원들의 사기를 높였으면 좋겠다고 조심스럽게 의견을 냈지만, 경선에 참여하는 후보로서 이 문제는 당에 일임하고 되도록 언급을 자제할 수밖에 없었다.

당대표 경선을 앞둔 2022년 7월 13일 트위터를 통해 김모 씨가 "뉴스에 나오는 이재명 선생님의 모습을 보며 너무 마음이 아프다. 자그마한 힘이지만 저희 힘이라도 보탬이 됐으면 한다. 방법을 알려주면 미력하나마 선생님을 위해 저의 최선을 다할 것"이라는 의견을 밝혔을 때 이재명 의원은 "민주당의 권리당원으로 입당해 달라"며 "월 1,000원 당비를 내면 민주당의 모든 의사결정에 참여할 수 있다. 민주당 홈페이지에서 아무 때나 가입할 수 있다."라고 독려했다.

이에 트위터에는 당원 가입 인증 글이 쏟아졌다. "이제 대학생이 된 대학교 1학년인 만큼 지금 바로 생애 처음으로 입당하겠다", "어제 엄마 꼬셔서 입당시키기 성공, 칭찬해주세요", "오늘 친언니 당원 가입했어요", "당원 가입했어요. 진작 할 걸 후회되네요", "권리당원 2,000원,

추천인 이재명 입당했습니다" 등의 트윗 글이 올라왔다.

이에 이재명은 "감사합니다. 민주당의 힘은 당원에서 나옵니다."라며 권리당원은 지역구 국회의원 등 공직 후보 경선, 당 지도부 선거 등에 막강한 권한이 있다며, 당이 변하라고 요구하는 것도 중요하지만 여러분 같은 당원이 많아지면 당은 자동으로 바뀐다고 밝혔다.

이때 가입한 당원들도 당대표 선거에서 이재명에게 소중한 한 표를 행사하고 싶었을 것이다. 하지만 국민의힘에서는 가능했지만, 민주당에서는 불가능했다. 새로 가입한 당원들에게 투표권을 주지 않자 일부 당원들은 당사 앞에서 시위도 하고, 탈당 협박(?)을 하기도 했지만 받아들여지지 않았다.

탈당을 시사하는 사람들을 향해서 이재명은 민주당을 사랑한다면 탈당해서는 안 된다고 설득했다. 만일 탈당하고 싶을 만큼 당에 실망했다면 탈당보다는 당비를 끊으라고 요령을 알려줬다. 그리고 다시 희망이 보이면 당비를 다시 납부해 달라고 했다. 민주당은 입당할 때나 탈당할 때는 심사를 거의 하지 않지만, 재입당할 때는 최소 1년 이상의 공백기를 가져야 하기 때문이다.

대선 이후 가입한 당비를 납부해 온 당원들은 이제 권리당원이 되었다. 그리고 경선을 앞두고 가입한 당원들도 2023년 초에 권리당원이 되었다. 그리고 이들이 2024년 총선에서 민주당 간판을 들고 출마하고자 하는 후보 경선에서 투표권을 가지게 되었다. 문재인 대표 시절에 마련한 시스템 공천은 2024년 총선에서는 더욱 정교해질 것이 분명하다. 이미 민주당에는 150만이 넘는 권리당원이 존재한다.

150만 권리당원의 의미

현재 민주당은 지역구별 평균 3천 명 이상의 권리당원을 확보 중이다. 3천 명의 권리당원의 맘을 얻지 못한다면 차기 총선에서 공천받는 것은 불가능할 것이다. 3천 명의 권리당원이 선택하는 후보가 경선에서 이기는 것은 자명하다.

민주당은 150만 명의 권리당원 확보를 위해 힘쓰고 있다. 지난 2022년 대선에서 전체 유권자는 4,420만 명이었다. 150만 명의 권리당원이라면 전체 유권자의 3.5%에 해당한다. 3.5%가 뭐 그리 대단하냐고 폄하할 수도 있을 것이다. 하지만 전혀 그렇지 않다는 것은 바닷물을 보면 알 수 있다. 일반적으로 바닷물 1Kg에는 35g의 염류 물질이 존재하고 있다. 다시 말해 바닷물의 염분 농도는 35‰ 즉 3.5%에 불과하다. 3.5%의 소금이 바다를 바다답게 만들 수 있는 것이다. 전체 유권자의 3.5%라면 소금과 같은 역할을 해서 대한민

국을 바꿀 수 있다. 지난 촛불 투쟁 속에서도 150만 명 이상이 거리에 뛰쳐나와서 박근혜 탄핵이라는 위대한 여정을 완성할 수 있었다.

민주당의 150만 권리당원은 민주당의 집권뿐만 아니라, 분단된 조국의 통일이라는 염원을 함께 하고 있다. 이들이 대한민국에서 민주주의를 완성하고 새로운 변화에 슬기롭게 대처해서 더욱 부강한 복지국가를 완성하게 될 것이다.

2022년 총선을 거쳐서 차기 대통령 선거 전에는 150만 권리당원의 확보를 위하여 민주당은 더욱 민주적으로 변화해야 할 것이다. 민주당에서 민주주의가 실현되지 않으면 권리당원은 떠나게 되고 집권도 대한민국의 민주주의도, 대한민국의 통일도 그만큼 멀어지게 된다.

대의원 제도는 폐지되어야 한다

대의원이란 누구인가?

代議員대의원을 한자 그대로 해석하자면 대신할 代, 의논할 議, 인원 員 으로 누군가를 대신해서 의논하는 사람을 의미한다.

대의원 제도를 운용하는 이유는 수십만이 가입한 노동조합을 예로 든다면 한날 한곳에 모여서 토론을 하는 것이 불가능하다. 그래서 사 업장별로 개별 사업장의 의견을 갖고 가서 토론하기 위해서이다. 그래 서 대의원은 자신의 의견이 아니라 자신이 대표하고 있는 집단의 의 견을 전달해야 한다.

현재 민주당의 대의원은 16,000명 정도이다. 국회의원과 지역위원 장 그리고 당직자와 지역 핵심 당원으로 구성하고 있다. 현재 지역 대 의원이 되려면 지역 권리당원의 추천이 있어야 하는데, 현실적으로 대 의원이 되고 싶어도 지역의 권리당원이 누구인지 알 수 없어서 추천 받는 것이 매우 어렵다. 그렇다 보니 지역위원장이 지역의 대의원을 임명하는 것과 비슷한 결과를 낸다.

현재 민주당은 각 지역 별로 40여 명의 대의원이 존재한다. 하필 왜 40여 명일까?

대의원은 보통 평상시에는 아무 일도 하지 않는다. 대의원들이 한자리에 모여서 중대한 결정을 하게 되는 이른바 '전국대의원대회'는 5년에 한 번 대통령 후보를 선출할 때와 2년에 한 번 당대표를 선출할 때이다. 보통 체육관을 빌려서 전국대의원대회를 했는데 이때 전국 각지에서 대의원들이 지역위원회별로 전세버스를 통해서 상경하게 된다. 버스 한 대의 정원이 40여 명이기 때문에 지역별 대의원이 40여 명이라는 설이 있다.

지역위원회별로 전세버스 한 대로 상경하기 때문에 버스 안에서 지역위원장이 얼마든지 이들의 표심을 장악할 수 있다. 지역구 국회의원은 지역위원장을 겸하고 있다. 대의원이 될 때부터 지역위원장의 도움으로 되었기 때문에 지역 대의원과 지역위원장의 표심이 같을 가능성이 매우 높다.

대의원을 한자 그대로 해석해서 민주당에 적용한다면, 민주당의 대의원은 그 지역 당원들의 당심을 대신해야 할 것이다. 하지만 현재 민주당의 대의원은 당심을 대신하지 않고, 지역위원장과 자신의 사심을 대표하고 있을 뿐이다. 대의원은 지역 당원들의 당심을 그대로 반영해야 한다. 그런데 그 대의원이 당원들의 당심을 대변하기는커녕 당원들의 당심을 배신한다면 이미 대의원이 아니다.

미국의 대통령 선거는 선거인단을 선출하는 방식을 통해 간접 선거로 이루어진다. 미국의 대통령 선거는 선거인단을 누가 과반수를 확보하느냐로 결정이 난다. 선거인단이 바로 대의원이다. 각 주별로 뽑힌 선거인단은 연방의회에 가서 자신을 뽑아준 주의 유권자에 뜻에 따라 투표한다. 비록 그 주에서 51:49로 뽑혔다고 해서 51%는 민주당에 49%는 공화당에 투표하지 않는다. 이들은 주에서 결정된 것에 대하여 100%의 의견으로 투표한다. 다시 말해서 각 주별 선거인단은 정확하게 주에서 결정한 것을 100% 실행하는 것이다. 이게 바로 대의원이다.

그런데 더불어민주당의 대의원은 지역 당원들의 당심을 물을 생각조차 없다. 그들은 오히려 특권의식에 젖어있다. 그도 그럴 것이 대의원은 우리가 흔히 말하는 '전당대회'라고 얘기하는 '전국대의원대회'에서 막대한 영향력을 행사하고 있다. 내용은 전국대의원대회인데 전당대회 즉 전당원대회라고 홍보한다.

당대표도 1표, 대의원도 1표, 당원도 1표

대통령 선거를 할 때 대통령이라고 해서 100표를 행사하거나, 국회의원이라고 해서 50표를 행사하지 않는다. 권력이 많을수록 많은 표를 행사하는 것은 주주총회밖에 없다. 주주총회도 1주당 1표라는 원칙이 있다. 그래서 주주총회에서 대주주가 자신이 보유한 주식 수만큼 권리행사를 하는 것은 민주주의 원칙에 어긋나는 것이 아니다. 협동조

합의 경우 주식 수와 상관없이 주주 개개인이 1표의 행사를 한다. 이 역시 주주의 권리보다 조합원들의 권리를 소중하게 여긴다는 민주주의 원칙에 어긋나지 않는다.

정당은 권력 획득을 위해서 정치 지향이 같은 사람들이 모인 결사체이다. 그렇기에 정당의 주인인 당원의 것이다. 민주당 내에서도 송갑석 의원 같은 경우 정당의 주인이 국민이라는 궤변을 늘어놓기도 하지만, 정당의 주인은 당원이다. 당대표이건 국회의원이건, 대의원이건 당원으로서의 권리는 동등해야 하므로 1인 1표를 행사해야 그게 민주주의이다. 당에서 결정한 것을 책임 있게 추진하라고 당직을 주는 것이지, 민주당이라는 전체에서 본다면 모두 당원일 뿐이다.

사실 모든 당원에게 1인 1표가 아닌 소수의 당원에게 더 많은 표를 주는 것은 한국의 민주당뿐만 아니라 미국의 민주당에도 존재한다. 미국에서는 이런 당원을 수퍼 대의원이라고 한다.

2016년 7월 26일 미국 대통령 선거 후보를 결정하기 위한 미국 민주당의 경선에서 힐러리 클린턴이 버니 샌더스를 아슬아슬하게 누르고 후보로 결정되었다. 그런데 이때 미국 민주당의 유권자들은 버니 샌더스를 선택했지만, 수퍼 대의원들은 압도적으로 힐러리 클린턴을 선택했다. 당원과 수퍼 대의원들의 표심이 엇갈린 것이다. 결과는 아시다시피 힐러리는 트럼프에게 패배했다. 이때도 미국 민주당에서는 수퍼 대의원의 존폐 논의가 있었다. 하지만 고치지 못했다. 미국이 고치지 못했다고 해서 한국에서 못 고칠 이유는 없다.

2023년 5월 12일 국회 본청 계단

　지난 대선에서 한국의 극우 정당 국민의힘은 전 당원에게 1표를 주는 이준석식 개혁을 단행했다. 획기적이고 정당 민주주의를 한 발 더 나가게 했다고 언론은 이준석 편을 들었다. 그때 민주당에서도 대의원에게도 1표를 주는 혁신안이 나왔으나, 결국 대의원 비중을 줄이는 방법으로 어정쩡하게 타협을 봤다.

　지금 민주당 내에서는 대의원에게도 1표를 줘야 한다는 개혁 요구가 뜨겁다. 김은경 혁신위는 대의원제 폐지까지는 아니더라도 1인 1표의 원칙을 지킬 것을 권고하였다. 2년 전에 보수언론들은 이준석의 1인1표제 도입을 찬양했다. 그렇지만 지금은 한겨레, 경향신문까지 나서서 1인1표제를 주장하는 것은 계파 갈등을 유발한다면서 전당대회 철도 아닌데 1인 1표를 도입하려고 하는 것은 이재명 체제를 강화하기 위한 꼼수라고 비판한다. 민주주의를 하자는데 그 결과가 누구에게 유리하고 불리하고를 고려해서 결정해야 한다는 것이야말로 비민주적이다.

민주당의 대의원은 김대중 당대표 시절부터 지금까지 16,000명으로 고정되어 있었다. 대의원에게 더 많은 투표권을 준 것은 당원 숫자가 절대적으로 부족한 영남을 배려하기 위한 것이었다. 현재 민주당의 초창기만 해도 당원 숫자는 30만 명당 대의원 16,000명으로 대의원은 권리당원보다 20배 정도의 영향력을 행사했다. 하지만 민주당은 끊임없이 당원이 증가하면서 2017년 당대표 선출을 위한 전국대의원대회_{전당대회}를 앞두고는 28만여 명에서 83만여 명으로 급격하게 늘었다. 이 당시 경선에서 문재인 후보가 당선되었다. 이후 당원은 꾸준하게 늘어서 2021년 대통령 선거 후보를 결정하는 전국대의원대회를 앞두고는 130만여 명으로 늘었다. 2016년 이후 단 한 번만 권리당원 숫자가 줄었는데 그 한번이 이낙연이 당대표로 있던 2020년이었다.

지난 2021년 기준으로 보면 대의원의 가치는 권리당원에 80배에 해당된다. 하지만 전당대회에서 투표율을 감안하면 150배에 해당한다. 권리당원의 투표율은 50% 미만인 데 비해 대의원 투표율은 95% 정도를 기록하기 때문이다. 대선에 패배했음에도 불구하고 이재명을 지키겠다면서 대거 당원으로 들어와서 2022년 200만 명을 넘보더니, 내년 총선을 위한 경선을 앞두고는 각 예비 후보자들의 치열한 당원 유치 덕분에 2023년 245만 명을 기록하고 있다.

250만 명 중 대의원은 여전히 16,000명이므로 산술적으로 따지면 이미 156대 1이라는 기형적인 수퍼 대의원이 탄생했다. 여기에 투표율을 고려하면 다음 전당대회에서 대의원은 권리당원에 비해 300배에 해당하는 영향력을 행사하게 된다.

지금 민주당을 곤혹스러운 처지로 몰고 있는 이정근 돈 봉투 사건의 원인도 알고 보면 대의원이 갖고 있는 표의 가중치 때문이라는 것을 누구도 부인하지 못한다.

권리당원의 숫자가 250만이기 때문에 어느 누구도 당원 1명을 자기편으로 돌아서게 하려고 권리당원에게 돈 봉투를 살포하는 멍청한 행위를 하지 않는다. 현실적으로 250만 명에 달하는 당원들을 돈으로 매수하는 것은 불가능하다. 하지만 투표율을 고려할 때 권리당원 300배에 해당하는 대의원을 매수하는 것은 솔깃할 수 있다. 이정근과 송영길 전 대표가 대의원을 매수하기 위하여 돈 봉투를 살포했다는 검찰의 주장에 대해 필자는 동의하지 않지만, 수퍼 당원 대의원으로 인해 많은 후보가 매수하려는 유혹을 끊임없이 느낄 수 있다고 생각한다. 그런 위험한 제도가 대의원제이기 때문에 대의원제도를 폐지하는 것이 옳다고 생각한다.

다시 대의원이라는 명제에 주목해서

앞서 대의원이라 함은 누군가를 대신해서 의논하는 사람이라고 했다. 민주당의 대의원이 대의원으로서 권리행사를 하는 것은 대통령 선거를 위한 후보를 결정할 때, 그리고 당대표를 선출할 때이다. 의논은 하지 않고 투표만 하는 것이 민주당의 대의원이다. 그런데 그 투표도 대의원만 하는 것이 아니라 이미 전 당원이 투표한다. 다시 말해서 당원들을 대신해서 토론에 참여하는 것은 물론 당원들을 대신해서 투표하는 행위 자체도 없다. 대의원은 당원들의 표심에 따라 투표하는 것이 아니라, 대의원 각자의 의견에 따라 투표하고 있다. 그러니 이미 대의원은 대의원이 아니다. 그래서 필자는 대의원제도를 폐지하는 것이 옳다고 본다. 대의를 따르지도 않고, 따를 여건도 아닌데 대의원제도를 유지할 아무런 이유가 없다.

그럼에도 불구하고 당을 위해 헌신하는 핵심 당원을 예우하고 키우는 차원에서 대의원제도를 유지하자는 의견에 일부 공감한다. 대의원제도를 폐지할 수 없다면 대의원에게도 1표를 주고 명예직으로 유지하되, 대의원은 지금처럼 당대표를 향한 부당한 검찰의 탄압이 있거나, 민주당이 위기일 때 당원들의 뜻을 받들어서 1당 300으로 더 열심히 싸워주길 바란다. 싸울 때는 당원을 앞세우고, 투표할 때는 300배에 해당하는 권리행사를 하려 하지 말고, 지역의 당원으로부터 존경받고, 박수받는 그야말로 전사적인 당원의 대명사 대의원이 되어주길 바란다.

대의원의 가중치를 줄이는 타협

민주당은 2023년 1월 27일 당무위원회를 열어 전당대회서 권리당원 투표 비중을 높이는 내용의 당헌 개정을 의결했다.

이재명 대표는 이날 최고위원회의 후 기자들과 만나 '대의원제 축소'와 관련해 "민주당의 대의원과 권리당원의 1인1표제에 대한 열망이 매우 큰 건 사실"이라고 말했다.

이 대표는 "민주주의 사회에서 표의 등가성은 매우 중요한 가치다. 열망이 큰 건 사실"이라며 "(그러나) 단번에 넘어서긴 어려운 벽이어서 한 걸음씩 점진적으로 바꿔 나간다는 점을 이해하고 용인해주면 좋겠다"고 강조했다.

이재명 대표의 개인 생각은 대원도 1표, 당원도 1표라고 여러 차례 밝힌 적이 있다. 하지만 당내에서 반대 의견도 상당해서 어느 정도 가중치를 줄이는 방향으로 선택한 것이다.

12월 7일 민주당 중앙위는 전당대회 투표에서 대의원과 권리당원 간의 표 비중을 현행 60대 1에서 20대 1 미만으로 줄이는 개정안을 통과시켰다.

만족스럽지 않지만, 비중을 20대 1 미만으로 줄인 것을 환영한다. 하지만 대의원에게 가중치를 주는 제도는 없어져야 한다. 빠를수록 좋다. 그것은 나의 소신이다.

익명에 숨은 체포동의안 가결과 반전

두 번의 걸친 체포영장 청구에 비슷한 결과

2023년 6월 21일 한국 역사상 처음으로 제1야당 대표에 대한 체포동의안이 국회 본회의에서 가결되었다. 박광온 원내대표는 본회의에 앞서 이재명 대표에 대한 체포동의안 부결을 민주당 소속 의원들에게 당부했으나, 결과는 찬성 148표, 반대 136표, 기권 6표, 무효 4표로 가결 정족수보다 1표가 더 나온 채 가결되었다. 정의당과 시대전환, 친여 무소속이 121석임을 고려하면 민주당 의원 중 최소한 29명이 가결에 동조했다.

필자는 이날 투표 결과를 도저히 믿을 수가 없었다. 최소한 29표라고 하는데, 국민의힘 소속으로 부결을 천명한 권은희 의원을 부결로 분류한다면 30명이 가결 표를 던진 것이다.

표결 전날 부결을 호소했던 이재명 대표의 메시지가 있었고, 의원총회를 통해 실질적으로 부결하기로 총의를 모았다고 했음에도 불구하고 민주당의 비명계 의원들은 자신의 당대표를 정치 검사들에게 갖다 바쳤다.

이 결과는 2023년 2월 27일 '대장동 배임 및 성남FC 제3자 뇌물죄'로 인한 구속영장 청구에 따른 체포동의안이 찬성 139표, 반대 138표, 기권 9표, 무효 11표였는데, 이재명 의원이 투표에 참여하지 않은 것을 고려하면 반대표는 오히려 1표가 줄어든 결과이다. 2023년 2월이나 9월이나 이재명 대표 체포동의안에 찬성하거나 기권 또는 무효표를 던졌던 의원들 수는 오히려 1명이 늘어났다. 1차 체포영장 청구에 따른 투표 결과에 이미 엄청난 후폭풍이 일었음에는 불구하고 그들은 흔들리지 않고 이재명 대표를 검찰의 아가리에 들이밀었다.

당대표직을 내려놓으라는 협박

이재명 대표는 2023년 8월 31일 "오늘, 이 순간부터 국민의 한 사람으로서 무능 폭력 정권을 향해 국민 항쟁을 시작하겠다. 사즉생의 각오로 민주주의 파괴를 막아내겠다. 마지막 수단으로 오늘부터 무기한 단식을 시작한다"며 윤석열 정권에 맞서 단식투쟁을 선포했다.

이재명 대표에 대한 체포동의안 표결은 단식 22일 차에 이루어졌다. 자신이 속한 당의 대표가 목숨을 걸고 단식투쟁을 하고 있음에도 불구하고, 9월 21일 열린 더불어민주당 긴급 의총에서 가결 표를 던질 생각이었던 의원들의 반대로 부결을 당론으로 정하지 못했다.

그날 아침, 박광온 원내대표는 당대표가 병상에서 단식을 이어가던 녹색병원을 찾았다. 이날 당대표와 원내대표가 구체적으로 무슨 얘기를 했는지는 정확한 내용은 알려지지 않았다. 하지만 박광온 원내대표가 모종의 협상을 제시했다는 의심을 받고 있다. 그 협상의 내용은 '이번에도 부결시켜줄 테니, 당대표는 대표직을 물러나거나, 비대위를 꾸릴 것을 수용해 달라'는 취지의 내용이라는 것이 여러 채널을 통해서 흘러나왔다.

그날 저녁 김남국 의원은 페이스북에 "이번 체포동의안 가결은 이재명 대표가 당대표직을 내려놓으라는 협박에 굴하지 않자 일부 의원들이 실력 행사에 나선 결과입니다. 대표가 공천권을 완전히 내려놓고, 과거처럼 계파별로 지분을 인정해주었다면 체포동의안은 부결되었을 것입니다. 어느 정도 힘 있는 현역 의원 공천은 확실히 보장해주고, 복잡한 지역은 적절하게 미리미리 경쟁자들을 교통정리 해줬다면 당연히 부결되었을 것입니다. 그러나, 이재명은 그럴 수 없었고, 그렇게 하지 않았습니다. 앞에서는 정의로운 척 온갖 명분을 가지고 떠들며, 뒤로는 모사를 꾸미는 협잡꾼과는 너무나 다르기 때문입니다."라고 적었다.

당연히 가결에 기표했을 이상민 의원은 일주일에 한 번씩 CBS 김현정 뉴스쇼에 출연해서 줄기차게 이재명 대표의 사법 리스크를 운운하면서 이재명 대표가 대표직을 내려놓을 것을 요구해왔다. 그렇지 않다면 '아름다운 이별'을 생각해야 한다며 분당 가능성을 언급해왔다.

이상민 의원뿐만이 아니었다. 검사 출신의 조응천 의원 역시 방송에 나올 때마다 이재명 대표의 용퇴를 요구해왔다. 보수언론들은 이들의 인터뷰를 실으면서 당대표를 흔들기 위한 불쏘시개로 써먹었다.

비명계 의원들은 이재명 대표의 '불체포특권 포기 선언'을 들먹이면서 정치검찰의 조작 수사에 동조했다. 이재명 대표는 8월 임시국회가 끝나고 9월 정기국회가 시작될 때까지 비회기 기간에 체포영장을 청구하면 당당하게 수사를 받겠으니, 비회기 기간에 영장을 청구하라고 요구해왔다. 그러나 검찰은 국회의 동의가 필요 없는 비회기 기간이 아닌 정기국회 기간에 영장을 청구했다.

검찰이 정기국회에 영장을 청구한 이유는 몇 가지로 추측해볼 수 있다. 첫째는 체포동의안을 두고 민주당에서 있을 당 내분을 유도하기 위함이다. 검찰의 바람대로 민주당은 체포동의안의 찬반을 두고 찬반 양쪽이 치열하게 대립했다.

하지만, 가결파들은 비열했다. 의총에서는 당대표를 지켜야 한다는 식으로 연막을 피우고는 은근슬쩍 가결 표를 던졌다. 이들이 엉터리 공소장을 제대로나 보고 가결 표를 던졌는지 의심스럽다. 이들은 어쩌면 이재명 대표의 혐의를 의심하고 있거나, 이재명 대표의 낙마를 기대했을 것으로 짐작된다.

둘째, 검찰은 내심 이재명 대표의 체포동의안이 국회에서 부결될 거라고 믿었던 것 같다. 민주당이 아무리 콩가루 정당이라 할지라도, 자신이 소속한 정당의 대표를 사지로 몰아놓겠는가? 검찰은 1차 때와 마찬가지로 당연히 부결될 것이라고 믿었을 것이다. 그도 그럴 것이 이재명 대표에 대한 체포동의안이 통과된 이후 오히려 싸늘해진 한동훈 법무부 장관의 표정이 이를 말해준다. 윤석열의 압박 때문에 마지못해 체포영장을 청구하긴 했지만, 이재명 대표에 대한 수사에서 뚜렷한 증거 수집에 실패한 검찰로서는 국회가 부결해서 민주당의 '방탄국회'로 비난하면서 마무리 지을 생각이 아니었는지 의심스럽다.

부실한 구속영장은 검찰의 의도와는 다르게 법원으로 보내줬다. 이재명 대표는 김남국 의원의 얘기를 빌리자면 가결파의 공천보장 요구를 거절하고, 알아서 판단하라고 결정을 그들에게 미뤘다. 그만큼 이재명 대표는 스스로 검찰이 주장하는 혐의에 대해서 자신감이 있었다는 반증이기도 하다.

가결 표 의원들은 당당히 입장을 밝혀라

체포동의안의 가결 직후 이에 분노한 민주당 당원들이 일부 탈당하기도 했다. 하지만 탈당하는 당원보다 입당하는 당원의 숫자가 훨씬 많았다. 체포동의안 가결 이틀 후 동향을 보면 탈당 5,600명, 입당 27,700명이었다.

체포동의안 가결 이후, 흔들릴 것만 같았던 이재명 대표의 리더십은 오히려 견고해졌으며, 분노한 국민이 하루 이틀 만에 대거 입당하고, 슬픔에 찬 당원은 상처난 마음으로 싸울 준비를 마쳤다.

가결파 국회의원들의 대부분은 자신이 투표한 행위에 대해서 함구하고 있다. 이것은 국민을 대의한 국회의원으로서 매우 비겁한 짓이다. 당원들은 가결파 의원들이 스스로 당당하게 밝히라고 요구하고 있다. 국회의원은 개인이 아니다. 하나의 입법기관이다. 그리고 당원과 유권자들의 선택으로 선출된 자들이다. 소신 있게 가결에 투표했다면 정정당당하게 책임지고 밝혀야 한다. 당대표를 검찰의 아가리에 밀어넣고 한가하게 지역행사나 찾아다녀서는 안 된다.

비겁하게 익명으로 숨어 있기에 엄한 사람들이 의심받고 있다. 분노한 당원들이 가결한 의원들을 찾아나서면서 SNS에는 그럴듯한 명단이 돌아다니고 있다. 당연히 그 명단은 정확성이 떨어질 수밖에 없다. 억울함을 호소하는 의원들도 있다. 자신들이 익명으로 비겁하게 숨어 있음으로써 동료 의원이 피해를 보고 있는 것이다. 그렇기에 익명으로 숨어 있는 것은 동료 의원에 대한 예의도 아니다.

가결파들의 반란으로 인해 오히려 그들은 당내에서 입지가 더 좁아졌다. 이들이 꿈꾸었던 것은 법원에서 영장이 인용되어 당대표가 구속되는 것이었겠으나 그들의 뜻대로 될 리는 없었다. 구속영장 자체가 터무니없었기 때문이다.

이재명 대표 구속영장 기각

9월 26일 이재명 대표는 구속영장 실질심사를 받으러 서초동 법원으로 출석했다. 가결파들의 바람대로 당대표의 운명이 판사의 손에 맡겨진 것이다. 판사도 오판할 수가 있다. 구속영장이 발부되었다고 해서 100% 유죄가 나오는 것도 아니다. 특히 윤석열 정권 들어 사법부가 법리대로만 판단하는 것 같지도 않다. 이재명 대표 관련 재판이 진행되고 있는 것 중에 김용, 정진상의 경우만 보더라도 법원은 영장을 발부했지만, 재판 과정을 보면 김용, 정진상의 혐의없음이 명확해지고 있다. 그럼에도 불구하고 당대표의 운명을 단 하룻만에 심사하는 영장 전담 판사 한 명에게 맡긴 것은 매우 잘못된 선택이다.

영장 실질심사를 마친 이재명 대표는 곧바로 서울구치소로 들어갔다. 핸드폰도 반납한 채 구치소에 수감된 신세나 다름없는 상황이었다.

이재명 대표의 영장 기각을 바라는 수백 명의 지지자들이 구치소 밖에서 이 대표의 무사귀한을 기다리고 있었다. 필자도 지지자들과 한마음이 되어 이 대표의 귀환을 기다렸다.

영장 기각 후 서울구치소 앞

터무니없는 혐의에 따른 엉터리 구속영장이었지만, 혹시 모를 엉터리 판결로 구속영장이 인용될까 봐 조마조마한 하루였다. 그날은 아침부터 비가 왔다. 비는 날짜를 바꿔서 다음 날 새벽까지 이어졌다.

다음 날 새벽 2시 반쯤 기다리고 기다리던 기각 소식이 전해졌다. 영장 기각으로 구치소 앞은 축제의 장으로 변했다. 그리고 한 시간 뒤쯤 이재명 대표가 24일간의 장기간 단식으로 매우 야윈 채 지지자들 앞에 나타났다.

구속영장 기각으로 인하여 오히려 더 강한 이재명이 되어서 돌아왔다. 가결파들은 자신들로 인해 이재명 대표가 혐의를 벗어날 수 있었다면서 자신들의 가결 행위에 상을 줘야 한다는 헛소리를 했다. 하지만 정청래 최고위원의 말대로 이제 그들은 자신의 행위에 대해서 책임질 때가 온 것이다.

민주당은 한동훈 탄핵으로 응수해야 한다

이제 민주당은 이재명의 민주당으로 더욱 견고해질 것이다. 당분간 가결파들은 목소리를 낮추고 더욱 깊숙이 숨을 것이다. 하지만 공공연하게 가결을 주장해왔던 이상민, 김종민, 이원욱, 설훈, 조응천에 대해서는 응당한 조처를 해야 할 것이다. 아니면 이상민처럼 스스로 나가든지 해야 할 것이다.

또한, 엉터리 구속영장으로 이재명 대표를 잡고자 했던 법무부 장관 한동훈에 대해서는 탄핵으로 맞서야 한다. 가결파들은 또다시 역풍 운운하면서 주저하고 있지만, 당원들의 뜻은 한동훈의 탄핵이다. 국회를 무시하는 윤석열 정권에 맞서는 가장 확실한 방법은 탄핵이다. 민주당의 압도적인 의석수의 효능감을 보여줘야 다음 총선에서 희망이 있다.

한동훈은 탄핵의 사유가 차고 넘친다. 이재명 대표에 대한 표적 및 조작 수사는 물론이고, 국회 본회의에서 이재명 대표에 대한 피의사실 공표, 국무회의 장관에 대한 인사검증 실패 등 모두 한동훈이 책임져야 할 사항이다.

이태원 참사의 책임을 물어 이상민 행자부 장관을 탄핵하고, 헌법재판소에서 기각되었지만, 이상민 장관 탄핵으로 인한 역풍은 전혀 없었다. 한동훈의 대한 탄핵 역시 마찬가지일 것이다. 민심을 믿고 민주당은 한동훈에 대한 탄핵을 감행해야 한다. 한동훈을 탄핵하지 않는다면 오히려 민주당이 역풍에 직면할 것이다.

한동훈 탄핵은 윤석열 탄핵으로 가는 징검다리이다. 저들에게 더는 나라를 맡길 수가 없다. 민주주의도 경제도 모두 망치고 있는 자들이다. 저들이 대한민국을 망치고 있다.

한동훈 탄핵이 유력시되던 12월 28일이 오기 전에 한동훈은 선제적으로 법무부 장관을 사퇴하고 국민의힘 비대위원장으로 등판했다. 그동안 법무부 장관으로서 해왔던 모든 일들이 사실은 매우 정파적인 일이었다는 것을 자인하는 것이다.

민주당의 개혁을 견인하는 개딸

다양한 정치인 팬클럽

그동안 수많은 정치인에게 팬덤이 존재했다. 1970년대에도 야당 정치인 김대중을 따르고 존경하는 무리가 있었다. 지금처럼 따로 이름은 없었지만, 그들은 김대중을 선생님이라고 칭하며 따랐다. 필자도 그들중의 한 명이다.

아마도 대한민국 최초의 정치인 팬클럽은 2000년에 만들어진 '노무현을 사랑하는 사람들의 모임' 노사모라 할 것이다. 정치인 노무현은 2000년 4월 13일 제16대 국회의원 선거에서 새천년민주당 후보로부산 북강서을 지역구에 출마했으나 낙선했는데, 이를 안타깝게 여긴네티즌에 의해 만들어졌다. 당시 정치판을 지배하고 있던 지역주의에대해 아쉬워하던 386 세대를 중심으로 만들어졌다. 노사모는 2년 뒤2002년 12월 19일 실시된 제16대 대통령 선거에서 노무현 후보가 승리하는 데 결정적인 역할을 했다. 2019년 해산했으나, 노사모는 여전히 정서적 유대감을 유지하고 있다.

정치인 팬클럽은 노사모가 시작일 뿐이었다. 이후 문재인 대통령에게도 강력한 지지층이 있었다. 문재인 대통령의 팬클럽은 하나로 뭉쳐 있지 않고, 세대별, 정치 성향별로 세분되어 있었는데, 이들을 보통 '문빠'라고 칭하고 있다. 특히 노사모의 대부분이 '문빠'이기도 하다.

정치인 팬클럽은 민주당 계열의 정치인에게 있었던 것만도 아니다. 박근혜에게도 '박근혜를 사랑하는 모임' 박사모가 있었다. 박사모는 박정희의 딸로 살던 자연인 박근혜를 대통령으로 만드는 데 결정적인 역할을 했다.

이들 정치인 팬클럽의 특징은 정치철학에 동의하고, 그가 대통령이 될 때까지 보수를 바라지 않고, 자신의 돈과 자신의 시간을 쓰면서 헌신한다는 것이다.

이재명 대표의 팬클럽은 '손가혁'이 원조이다. 손가혁은 '손가락혁명군'의 약자로 2013년 20여 명 규모로 출발했다. 이재명 성남시장의 똑 부러지는 행정과 사이다 발언에 열광하면서 세를 불려 가던 손가혁은 2017년 민주당 경선에 뛰어든 이재명 시장에게 큰 힘이 되었다.

당시 이재명 시장은 조직력에서 문재인, 안희정에 비해 절대적인 열세였다. 손가혁은 후보 중 가장 좌파적인 정책을 들고나온 이재명을 지지했다. 손가혁은 인터넷상에서 이재명 시장을 적극 지지하는 댓글을 다는 작업을 했다. 하지만 손가혁의 일부 회원들은 문재인 후보에 대한 거친 욕설 등을 달면서 이재명 후보를 곤란하게 만들기도 했다.

이들 중 일부는 민주당 경선에서 문재인이 최종적으로 민주당 대통령 후보로 결정되자, 경선불복을 주장하면서 독자 출마를 주장하기도 했다. 이에 이재명 시장은 손가혁을 손절하겠다는 발표를 하면서 실질적으로 해체되었다.

이재명 팬클럽의 등장

이재명의 본격적인 팬덤이 시작된 것은 박근혜 탄핵 집회 중 제1차 촛불집회가 열렸던 2012년 10월 29일이었다. 이날 청계천 소라광장에는 2만여 명의 시민이 모여들었다. 이날 정치인으로 정의당의 고 노회찬 의원, 민주당의 송영길 의원, 그리고 성남시장 이재명이 참석해서 연설했다.

이날 이재명 시장의 연설은 두고두고 회자되는 명연설로 기록되고 있다. 아직 정치인 이재명은 민주당 지지자들에게 낯선 인물이었다. 하지만 이날의 연설로 이재명은 민주당 지지자들에게 '사이다 이재명'을 명확하게 각인시켜주었다.

민주당 정치인 중 누구보다 먼저 민중의 촛불 앞에서 서서 거침없이 박근혜의 퇴진과 탄핵을 외쳤던 이재명에게 수많은 사람이 열광하기 시작했다. 그리고 이들은 이재명 시장의 든든한 후원군이 되었다.

박근혜의 탄핵 이후 문재인 대표를 대통령 후보로 올리고자 모여든 사람이 '문빠'였다면, 성남시장 이재명을 대통령 후보로 올리고자 모여든 사람들이 '이빠'였다. 문빠와 이빠는 이렇게 민주당 팬덤 정치의 양대 산맥이 되었다.

문빠와 이빠는 민주당 대통령 선거 후보 결정을 위한 경선을 통해서 경쟁하고, 때로는 갈등하면서 성장해갔다. 자신이 지지하는 후보에게 박수를 보내고, 댓글을 달기도 했지만, 또 일부는 상대 후보에게 도가 지나친 비방을 하기도 했다. 그때의 앙금이 2023년 지금까지도 남아 있는데, 이빠보다는 문빠에게 더 많이 남아있는 듯하다. 이빠들은 어쩌면 이재명을 대통령으로 만들기 위하여 문빠들과 전략적 화해를 시도했는지 모르지만 문빠들 중 일부는 지금도 반이재명 전선의 선봉에 서 있다.

우여곡절 끝에 2021년 민주당 대통령 후보로 이재명 경기지사가 선출되었지만, 이낙연 캠프에서는 한동안 경선 결과를 받아들이지 않았다.

이낙연 캠프는 2021년 10월 11일 국회에서 기자회견을 갖고 무효표 처리에 문제를 제기하면서, 결선투표를 해야 한다며 사실상 경선에 승복할 수 없다는 입장을 밝혔다.

이재명이 민주당의 대선 후보로 결정되었지만, 민주당 국회의원의 대부분은 이재명에게 호의적이지 않았다. 170명의 민주당 의원 중에서 이재명 후보의 든든한 우군은 손에 꼽힐 정도였다. 중고등학교를 검정고시로 패스한 노동자 출신 이재명에게 민주당의 의원들은 적극적으로 움직이지 않았다. 더군다나 경선 기간에 이낙연 캠프에서 처음 제기한 '대장동 몸통은 이재명'이라는 공격은 지난 대선에서 윤석열에

1 김주영 2 양기대 3 김철민 4 이장섭 5 신동근 6 김종민 7 허영 8 홍성국 9 최인호 10 김광진 11 이병훈 12 설훈 13 홍영표 14 오영훈 15 윤영찬 16 윤재갑 17 서동용 18 배재정 19 박광온 20 홍기원 21 박영순 22 홍익표

게 패배한 결정인 원인이 되었다.

이재명 후보에게 소극적인 민주당 의원들을 대신해서 당내 권리당원과 당 밖의 지지자들이 결집하기 시작했다. 이들이 이른바 '개딸'이다.

개딸의 탄생

대통령 선거가 본격적으로 시작되었지만, 이재명 후보와 이낙연 캠프 간의 화학적 결합은 이루어지지 않았다. 특히 이낙연 캠프에 있던 공보단장 정운현이 윤석열을 지지한 것은 충격 그 자체였다. 정운현은 이낙연이 국무총리를 지낼 때 비서실장을 지낼 만큼 이낙연의 최측근이었다. 하지만 '괴물보다는 식물'을 지지하겠다는 정운현의 망언과 배신에 대해서 이낙연은 단 한마디도 하지 않았다.

이재명은 후보가 되고 나서 선거운동 기간 초반에는 이재명다운 '사이다'를 포기하고 중도 통합에 초점을 맞췄다. 대선 캠프는 이재명을 강력하게 지지하는 의원들 대신에 이낙연 캠프에 있던 사람들을 중용했다. 하지만 그것은 패착이었다. 용광로 선대위를 꿈꾸었던 이재명 후보였지만, 결과는 몸집만 큰 초식 공룡이 되었다. 그리고 지지율도 윤석열에게 역전되었다.

선거 막바지에 'n번방 추적단' 불꽃 박지현이 이재명 후보를 지지했다. 이준석이 이른바 이대남을 포섭하면서 20대 및 30대 남성을 강력한 지지층으로 만드는 데 성공하면서, 선거는 매우 불리하게 돌아갔다. 그러던 중 불꽃 박지현의 등장은 2030 여성들이 이재명 후보를 다시 꼼꼼하게 살펴보는 계기가 되었다.

선거 기간 중 2030 여성들은 자신의 커뮤니티에서 언론의 왜곡 보도로 악마화된 이재명에 대한 진실 찾기를 시작했다. 형수 욕설, 김부선 스캔들, 대장동 몸통, 조폭, 전과 4범 등 이재명에 대한 오해와 진실 찾기 운동이 그들 사이에서 일어났다.

이재명에게는 아들만 둘이 있다. 딸이 없다. 그런 이재명이 2006년 4월 22일 자신의 블로그에 올린 '딸에게 아빠가 필요한 100가지 이유'가 2030 여성 커뮤니티에 퍼지면서 '이재명의 딸'이 되겠다는 여성들이 생겨났다. 특히 100번째 "딸에게는 아빠가 필요하다. 아빠는 딸의 첫사랑이다."라는 문장이 2030 여성들을 열광시켰다. 그리고 그들은 스스로 〈응답하라 1987〉에서 겉으로는 거칠지만, 속으로는 아버지를 사랑하는 뜻으로 '개딸개혁의 딸'이라고 칭했다.

선거운동 현장, 그리고 커뮤니티에 개딸이 집결하면서 대반전이 펼쳐졌다. 뒤늦게 이재명에 대한 각종 자료들을 검색해가던 2030 여성들이 이재명 후보의 강력한 지지층으로 변한 것이다. 이들은 그동안 오해서 미안하다는 의미로 '쏘리 이재명', '미안해요, 이재명'이라면서 집결하기 시작했다. 윤석열을 지지하는 2030 남성과 이재명을 지지하는 2030 여성 간의 경쟁이 시작되었다.

선거운동이 시작되기 전 각종 여론조사에서 10% 이상 차이 나던 지지율의 격차는 0.73%라는 초박빙 패배로 막을 내렸다. 10% 이상 차이가 난다던 여론조사는 사실 믿을 것이 없는 가짜 여론조사였는지도 모른다. 여론조사를 통해 여론을 선동했을 수도 있다. 선거운동 기간이 하루만 더 있었더라도 결과는 다르게 나왔을 것이다.

대통령 선거에서 이재명 후보는 패배했다. 그런데 패배한 민주당에 2030 여성들이 대거 입당하기 시작했다. 선거에 패배하면 당원들이 빠져나가는데, 반대로 정치인 이재명을 지키겠다며 당원들이 늘어나는 기이한 현상이 나타난 것이다. 본격적으로 개딸이 민주당 개혁의 상징이 되었다.

개딸의 활약

대선 이후 새롭게 민주당에 입당한 당원이 30만 명 이상이라고 한다. 이들은 민주당의 각종 개혁 입법을 견인하는 역할을 하면서 민주당사 앞에서 "민주당은 할 있다"라는 구호를 외치며 포지티브 운동을 전개했다. 기존의 민주당 적극 지지자들이 민중가요를 부르면서 집회를 하는데 반해, 개딸들은 소녀시대의 '다시 만난 세계'를 부르면서 집회를 이어갔다.

'다시 만난 세계'는 2016년 7월 이화여대 학생들이 최순실의 딸 정유라의 입시 비리에 항의하며 부른 그들만의 투쟁가였다. 그 노래가 6년 뒤 개딸에 의해 다시 투쟁가로 불리었다.

개딸은 대선 이후 기울어진 운동장을 극복하고 민주당 지지세를 확장시키기 위한 '밭갈이 운동본부'에도 적극적으로 참여했다.

기존의 정치인 지지그룹이 4050 세대의 운동권이 주축이었던 것과는 대조적으로 2030이 주도하는 개딸은 기존의 팬덤 정치를 뛰어넘는 가히 혁명적인 조직이 되었다.

2022년 대선이 끝난 직후인 3월 24일 민주당 당사 앞에서 개딸 시위대는 파란 풍선을 들고 "민주당은 할 수 있다"는 구호와 함께 '검찰개혁', '언론개혁', '민주당 개혁'을 요구했다.

개딸들은 매일 저녁 온라인에 정치개혁을 요구하는 '기도스_{기도 + 디}_{도시의 합성조어}'를 올리기도 했는데 문구는 "정치인들은 국민을 두려워하게 하시고, 기업인들은 사람을 존중하게 하시며, 언론인들은 진실을 말하게 해주시고, 법조인들은 양심을 지키게 하소서."였다.

개딸들은 스스로 한국 정치사를 공부하면서 그간의 정치 언어를 깨

2022년 5월 8일 어버이날. 이재명과 개딸들

부수면서 정치의 중심으로 들어왔다. 개딸들은 이재명 개인의 팬덤을 넘어 민주당을 변화시키고 대한민국을 변화시키고 있다. 개딸들의 눈부신 활약에 고무되어 개딸을 지지하고 격려하는 '개이모', '개삼촌' 같은 변종(?)도 만들어냈다. 개딸 중 일부는 '잼딸'로 변신하기도 했는데 이들은 주로 이재명 대표가 이장으로 있는 인터넷 공간 '재명이네 마을'에서 활동하고 있다.

재명이네 마을에는 현재 21만 명이 거주 중이다. 재명이네 마을이 처음 만들어진 것은 대선 다음 날인 2022년 3월 10일 새벽 2시 30분이었다. 이재명을 지지했던 대부분 사람이 선거 패배의 분루를 삼키며 어찌할 바를 모르고 있을 때 개딸들은 다음을 준비하며 '재명이네 마을'을 건설했다. 22만 명이 거주하고 있으니 웬만한 신도시 하나가 만들어진 것이다.

개딸을 시샘하고 시기하는 자들

개딸들은 민주당에 입당하여 권리당원으로 활동하면서 민주당 개혁을 강력하게 주장하고 있다. 또한, 민주당 국회의원임에도 불구하고 이재명 대표에 대한 터무니 없는 공격을 일삼는 의원들에게 문자로 항의하기도 했다. 일부는 몇몇 국회의원 사무실 앞에서 시위를 벌이기도 했다.

개딸들에게서 항의를 받는 의원들은 대부분 이재명 대표에 대해서 쓴소리(?)를 하는 의원들로 이원욱, 박용진, 조응천, 이상민 의원 같은 분들이다. 이들은 각종 인터뷰에 나가서 '이재명의 사법 리스크' 운운하면서 대표직 사퇴를 요구하거나, 체포동의안에 찬성하는 듯한 발언을 했다.

이들 의원에게 개딸들은 강력하게 항의했는데, 이원욱 의원은 자신에게 폭언과 욕설이 담긴 문자를 공개하면서, 이것이 개딸들이 보낸 것이라고 했다. 그러나 민주당의 자체 조사 결과 그 문자를 보낸 사람은 민주당 당원이 아니었다.

이원욱 의원은 2023년 3월 25일 자신의 페이스북에 "이제 개딸들에 대한 분노조차 아깝다."고 적었다. 박용진 의원은 3월 24일 자신의 블로그에 '변화와 결단, 헤어질 결심'이라는 글에서 "팀을 망치고 축구를 망치는 훌리건처럼, 정치 훌리건, 악성 팬덤은 정당을 망치고 민주주의를 박살낸다. 개딸 여러분께서 그렇게 단일대오가 좋으시다면 윤심 단일대오 깃발이 나부끼는 국민의힘으로 가십시오. 개딸들이 수박을 찢을 때 국민은 민주당을 찢는 개딸에 질린다. 민주당에 지금 가장 필요한 건 개딸과 헤어질 결심."이라고 주장했다.

정치인이 자신의 지지자와 헤어져야 한다는 논리는 해괴망측하다. 특히 개딸이라고 하는 사람들이 도대체 어디부터 어디까지 지칭하는지 명확하지도 않다. 2030 여성들이 개딸인가? 그럼 개이모, 개삼촌은 개딸인가?

절연해야 할 것은 개딸이 아니라 폭력이다

축구장을 가득 메우는 서포터즈들이나, 야구장을 가득 메우는 팬들이나 모두 팬덤에 기반하고 있다. 그 팬덤이 있어서 경기장의 열기는 뜨거워진다. 하지만 관중 중 일부가 물병을 던지고 난동을 부렸다고 이들 열성 팬 조직을 모두 경기장에 출입하지 못하게 한다면 경기 자체가 의미가 없어진다. 난동을 부린 사람만 정확하게 쫓아내면 될 일인 것이다.

민주당 일부 의원들의 개딸과 절연하라는 주장은 잘못된 것이다. 이것은 개딸 전체를 폭력적인 조직으로 인식하는 것이기 때문이다. 다만 폭력적인 문자와 폭력을 행사한 자에 대해서는 개딸이던, 민주당원이던, 일반 시민이던 격리해야 마땅하다.

이재명 대표에게 그리 호의적이지 않던 김종민 의원은 CPBC라디오

'김혜영의 뉴스공감'에 출연해서 "개딸과 절연할 필요는 없다. 다만 폭력적인 행태와 절연해야 한다."고 말했다. 필자 역시 동의한다.

하지만, 개딸들의 민주당 개혁요구에 민주당은 마땅히 응답해야 한다. 그들은 지금까지 민주당 정체성에 어긋나는 요구를 한 적이 없다. 오히려 민주당의 정체성에 기반해서 민주당다운 민주당으로 변화할 것을 요구하고 있다. 그 과정에서 민주당 정체성에 어긋나는 일부 정치인에 대해 비토하고 있을 뿐이다.

이재명 대표의 강력한 팬덤을 부러워하는 정치인들. 그 팬덤을 시기하고 질투할 시간에 자신은 왜 이재명보다 중앙정치에 더 오래 있었으면서도 이재명과 같은 강력한 지지자들을 못 만들었는지 반성해야 한다.

이재명이 부럽다면 시기하고 질투할 것이 아니라, 이재명처럼 대중의 마음을 잡을 수 있는 자신만의 정치 이미지를 만들기를 바란다.

나 곽상욱은 이런 팬덤을 가진 이재명이 솔직히 부럽다. 나와 함께 지방 기초단체장을 통하여 정치에 입문하고, 나와 나이도 같음에도 불구하고 자신만의 정치 아젠다로 팬덤을 거느리고 있는 이재명이 부럽다. 전에는 동료로서 응원했는데 진심으로 나는 이재명이라는 정치인을 존경한다. 그와 함께 그를 지지하는 팬덤과 함께 이재명의 대동세상을 꿈꾼다.

이재명 지지자를 곰팡이 같은 부류라고 한 이상민 의원

누가 곰팡이인가?

민주당의 내분을 바라는 전혀 공정하지 않은 언론에서 단골로 불러주는 정치인이 있다. 그중에 한 명이 이상민 의원이다.

특히 이상민 의원은 언제나 이재명 대표의 반대편에서 얘기하기에 보수언론으로서는 그들이 하고 싶은 말을 대신해 주는 이상민 의원이 고마울 것이다.

이상민 의원은 2023년 8월 14일 KBS 라디오 '최경영의 최강시사'에 출연해 "이재명 민주당 대표가 당권을 잡고 압도적 리더십으로 끌고 가는 상황에서 이 대표에게 맹종하는 그룹이 있지 않나"며 "정도가 지나친 그룹이 있는데 곰팡이라고 해야 하나. 뭐 그런 부류"라고 이재명 지지자를 곰팡이에 비유했다.

더 나아가 이상민 의원은 "자칫하다 보면 당이 방패 정당의 오물을 뒤집어쓸 가능성이 있는데 원하든 원치 않든 이미 이 대표를 위한 방패 정당으로써의 부정적 이미지가 많이 씌워져 있다"면서 "지금이라도 그것을 벗어나려면 차단시키는 것이 필요하고 차단시키는 방법 중 이 대표의 대표직 사퇴를 주장한 것"이라고 주장했다.

이상민 의원은 지난 국회의 체포동의안 투표에서도 가결 표를 던졌다고 스스로 밝혔다. 체포동의안이 가결되어 법원에서 영장이 기각된 지금도 이재명의 사법 리스크는 계속되고 있다며 여전히 이 대표의 사퇴를 주장하고 있다.

자신의 이익을 위해 정치적으로 계산된 발언, 비인간적이고 비도덕적인 발언을 하는 사람들은 정치를 하면 안 된다. 이재명의 열성 지지자들도 민주당의 소중한 당원이다. 당원을 향해, 이재명 대표를 지지하는 국민을 향해 '곰팡이'에 비유하는 이상민 의원은 어떤 부류인지 묻고 싶다.

유성을 지역에서 당을 옮겨가며 5선을 하는 19년 동안 이상민 의원에게 국회의장이나 당대표로 지지하는 그룹은 왜 없을까 생각해 보았는지 궁금할 따름이다. 이상민 의원의 의장 선거는 본인을 포함해서 2표를 받았다는 소문이 무성하다.

의원의 마음도 당원의 마음도 얻지 못했다

민주당 국회의원은 180명에 가깝다. 이상민 의원은 의원들 마음도 얻지 못했으며, 그렇다고 당원들의 지지도 얻지 못하고 있다. 무려 19년 동안 의원 생활을 했는데도 말이다.

이재명 대표는 77.77%라는 역대 최대 득표율로 당선되었다. 이 대표를 지지하는 당원과 국민이 곰팡이 그룹이란 말인가?

국회의원이란 권력이 그리 대단한가? 국민을 '곰팡이'에 비유할 수 있을 정도로 대단한 권한이 아니다. 5선까지 하면서 자극적인 언어로 비난만 하는 사람은 형편없는 기득권에 불과할 뿐이다.

이상민 의원은 CBS 라디오 '김현정의 뉴스쇼'에 일주일이 멀다 하고 출연하고 있는데, 언제나 당대표와 지도부를 비난하기에 바쁘다. 그들은 이미 이상민 의원이 할 말을 이미 알고 있다. 이상민 의원의 개인적인 소견이 정말 궁금해서 불러주는 것이 아니다. 그들이 하고 싶은 얘기를 이상민 의원이 대신해 주기 때문에 불러주는 것이다. 그런데 이상민 의원은 마치 자신이 민주당에서 대단한 영향력을 행사하는 의원이라 착각하고 민주당 전체 의견과는 너무나 거리가 먼 발언을 하고 있다. 이들은 이상민 의원의 이런 돌출행동을 소신 있는 목소리라고 추켜세워주면서 민주당 분열에 이용하고 있다.

유쾌한 결별

이상민 의원은 9월 22일 라디오 방송 인터뷰를 통해 강성 지지자들 사이에서 가결 표를 던진 의원을 색출하자는 움직임이 나타나는 것과 관련해 "몰상식하고 반민주적인 해당 행위"라고 비판했다. 그러면서 "한 지붕에서 계속 지지고 볶고 국민에게 볼썽사나운 모습 보이느니 오히려 유쾌한 결별, 선의의 경쟁을 통해 국민적 심판을 받도록 하는 방법도 있다"면서 분당 가능성도 시사했다.

멀쩡한 민주당을 지지고 볶은 장본인은 바로 이상민 의원 자신이다. 민주당에서 매우 작은 부류에 지나지 않는 이상민 의원 부류는 보수 언론에 의해 늘 과대 포장되어 민주당에서 매우 의미 있는 시각처럼 보도되었다.

지난 체포동의안에 대놓고 가결 표를 던진 이상민 의원은 스스로 자신이 행한 투표에 대해서 책임져야 할 것이다. 책임을 지기 싫다면 유쾌한 결별도 나쁘지 않다.

이상민 의원의 탈당

여러 차례 탈당을 암시했던 이상민은 마침내 12월 3일 민주당을 탈당했다.

탈당문에서 "이제 이재명 사당, 개딸당으로 전락한 지금의 민주당에 대한 저의 희망과 꿈을 접지 않을 수 없다. 더 이상 기대와 노력은 무망하고 무용할 따름"이라고 했다. 아울러 "이제 저의 정치적 꿈과 비전을 펼치기 위해 그리고 상식의 정치를 복원하기에 그 터전이 될 수 없는 지금의 민주당과 결별하고 새로운 길을 모색하고자 한다."라고 말했다.

그런데 탈당하면서 바로 국민의힘에 입당할 거 같았는데 그러지 않았다. 아마도 국민의힘에서도 그리 달가워하는 거 같지 않다. 국민의힘이 미온적이다 보니 얼마나 급했는지 이상민은 김기현에게 영상 편지를 썼다.

이상민은 TV조선 유튜브 '강펀치'에 출연해 "국민의힘으로부터 영입 제안이 없었냐?"는 질문을 받고 "전화가 없다."며 카메라를 보고 말하기 시작했다.

이상민은 "김기현 대표는 언론에만 얘기하지 말고 전화라도 한통 해야되는 거 아닙니까? 아니 거기 이철규 인재영입위원, 그분은 인재영입위원장이 뭐하는 겁니까? 인재가 여기 이렇게 있는데."라고 덧붙였다.

참으로 어처구니없다. 민주당이 이재명 사당이라면서 탈당한 자가 가는 곳이 국민의힘이라니. 국민의힘이야말로 김기현은 바지 대표이고 윤석열의 사당이 아니란 말인가? 민주당 경선에서 허태정 전 대전시장과 정치 신인 이경에게 발릴 것이 뻔해서 일단 국민의힘에서 공천이라도 받고 싶어서 탈당한다는 것은 누구나 아는 사실이다.

보수언론도 이제 이상민을 더 이상 불러주지 않을 것이다. 그는 민주당 내에서 이재명 대표를 공격할 때나 효용 가치가 있는 것이지 민주당을 떠난 이상민에게는 관심이 없다. 민주당을 분열시키는 불쏘시개로 쓴 것이지 이상민이 대단한 철학을 가진 거물급 정치인이어서가 아니다.

암튼 민주당 당원의 한 사람으로서 이상민 의원의 탈당을 격하게 지지한다. 땡큐. 굿바이.

민주당을 파괴하기 위한 이낙연의 신당

이낙연은 이재명 대표의 '사법 리스크' 운운 자격 없다

요즘 민주당의 전 당대표이자 대통령 후보 경선에 참여해서 이재명 대표에게 패배한 이낙연 전 대표의 행보가 심상치 않다.

이낙연 전 대표는 2023년 11월 28일 서울 용산구 백범김구기념관에서 '연대와 공생'이 주최한 '대한민국 위기를 넘어 새로운 길로' 포럼 기조연설과 질의응답에서 이재명 대표 체제를 강도 높게 비판했다. '연대와 공생'은 이낙연계 싱크 탱크다.

이 전 대표는 "야당은 참담하다. 민주당이 오래 지켜온 가치와 품격을 잃었고, 안팎을 향한 적대와 증오의 폭력적 언동이 난무한다"며 "민주당은 긴 세월 동안 나름의 자생력과 회복력을 구사해왔으나, 요즘은 그렇지 못하다. 면역체계가 무너지면 질병을 막지 못하고 죽어간다"고 말했다.

이재명 대표의 '사법 리스크'도 직접 거론했다. 이 전 대표는 "민주당은 도덕적 감수성이 무뎌지고, 국민의 마음에 둔해졌다"며 "정책이나 비전을 내놓는 활동이 미약해졌고, 어쩌다 정책을 내놓아도 사법 문제에 가려지곤 한다"고 했다. 이어 "여당이 강성 지지자들과 결별한 것은 불행 중 다행이었다"며 태극기 부대 등과 결별한 국민의힘 사례를 들어 이 대표의 '팬덤 정치'를 비판했다. 그는 "대선 끝나자마자 민주당의 최고책임자가 '졌지만 잘 싸웠다'고 먼저 규정지은 것을 보고 경악했다"고도 했다.

한때 이낙연도 팬덤을 즐기던 때가 있었다. 이낙연은 당신을 영원토록 지지한다는 '문파'를 거느리고 즐기던 때를 벌써 잊었는가?

다른 말 필요 없다. 다음과 같은 두 장의 사진이면 충분하다.

이 두 장의 사진을 보면 위력적이지는 않으나 이낙연에게도 팬덤이 있다. 그리고 사진 속에 인물들이 모두 여성이다. 자신의 팬덤이 이재명의 팬덤에 미치지 못한다고 해서 팬덤 정치로 이재명을 공격하면 안 된다. 그리고 이 두 사진은 이낙연 팬들의 저급한 수준을 보여준다. 여성의 상품화라는 비판도 받을 수 있는 장면이다.

이재명 대표의 사법 리스크는 사실 이낙연 측에서 지난 경선 과정에서 터트린 것이다. 대장동에서 뇌물 받았다고 터트린 것은 이낙연 측이었다. 하지만 지금까

지도 검찰은 이재명 대표가 뇌물을 받았다는 증거를 내놓지 못하고 있다.

이재명 대표가 쌍방울을 통해 뇌물을 받았다는 것도 증거를 내놓지 못하고 있다. 원래 이 사건도 이재명 대표가 쌍방울로부터 변호사비를 대납 형식으로 뇌물을 받았다고 이낙연 측에서 주장한 것으로 시작한 것이다. 그런데 변호사비 대납 사건으로 대선 국면에서 세상을 시끄럽게 하더니 변호사비 대납은 사라지고, 대북 송금 사건으로 둔갑했다. 대북 송금 사건 역시 지금은 흐지부지되고 있다.

이재명 대표에 대한 대부분의 혐의에는 이낙연 측에서 제공한 것이다. 그리고 그 사건들은 아직 1심 판결도 나오지 않았는데, 재판받고 있으니 물러나라고 억지를 쓰고 있다.

지난 대선의 패배는 이낙연 측에서 아니면 말고 식으로 내지른 폭로와 이낙연을 지지하는 그룹들이 대거 윤석열을 지지했기 때문이다. 정운영 같은 자신의 측근들이 윤석열 품 안에 들어간 것부터 반성하고 사과해야 할 것이다.

전당대회 관련 권리당원과 대의원의 표 가치

이 전 대표는 전날 민주당 당무위원회에서 전당대회 대의원과 권리당원의 표 가치를 기존 1대 60에서 1대 20으로 바꿔 권리당원의 영향력을 높이는 쪽으로 규칙을 변경한 것도 겨눴다. 이 전 대표는 기자들의 질문에 "사당화 논란이 있는 것은 아쉽고, 매우 안타깝게 생각한다"며 "도덕적 감수성이 무뎌지고 당내 민주주의가 억압되는 건 리더십과 무관하지 않다"고 말했다. 그는 "(지난 6월 미국에서) 귀국 뒤 꽤 오랜 기간 침묵하며 지켜봤는데, 잘 안 되고 있어 매우 답답하다"고 했다.

권리당원의 영향력을 강화하는 것이 어떻게 이재명의 사당화와 연결되는지 이해가 되지 않는다. 사당화라는 것은 당원들의 뜻을 무시하고 대표가 전권을 휘두르는 것을 말하는데, 당원들의 뜻이 대의원들에 의해서 왜곡되지 않도록 대의원의 가중치를 줄이고 권리당원의 가중치를 높이는 것이 어떻게 사당화란 말인가?

그렇다면 민주당의 권리당원은 이재명 대표의 조직원이란 말인가? 250만 권리당원은 이재명의 조직원이 아니라 민주당을 통해 정권교체를 이루고 대한민국의 민주주의를 보다 진보시키겠다고 모여든 사람이다.

이들이 이낙연 전 대표보다는 이재명 현 대표에게 힘을 실어주고 있는 것은 사실이나, 자신들에게 유리하지 않은 당원들의 성향을 갖고 이재명의 사당이라고 비판하면 안 된다. 한때 이낙연도 민주당의 당대 표였다. 많은 당원이 이낙연에게 희망을 걸었던 적도 있었다. 그런데 왜 당원들이 이낙연 본인에게서 마음이 떠났는지 되새겨 봐야 한다. 당원들의 마음을 잡지 못한 것은 이낙연 자신의 한계인 것이다.

이낙연과 매우 가까운 이원욱 의원은 당헌 개정안이 통과되기 하루 전 자유토론 시간에 "직접민주주의, 포퓰리즘이 정치권력과 결합할 때 독재권력이 된다"며 "나치 그리고, 황교안 자유한국당 대표와 태극기 부대의 결합으로 총선에서 패배했는데, 우리가 그 모습을 닮아가고 있다"고 말했다.

대의원의 가중치를 줄이고 권리당원의 영향력을 확대하는 직접민주 주의는 매우 위험하며 나치도 직접민주주의로 탄생했다는 것을 말하는 것이다. 나치의 사례를 들어 민주당이 가고자 하는 직접민주주의가 매우 위험하니 대의원제도를 유지하는 것은 물론 가중치를 줄여서도 안 된다는 것이다.

직접민주주의가 위험하다는 말은 처음 들어본다. 나치의 사례는 직접민주주의의 폐해가 아니라 주권자가 투표를 잘해야 한다는 것을 보여준다.

그렇다면 대통령 선거에서의 직접민주주의와 국회의원 선거에서의 직접민주주의를 부정하겠다는 것인가?

대한민국에서 대통령직선제를 쟁취하기 위하여 얼마나 많은 희생이 있었는지 이원욱은 벌써 잊었는가?

민주당에만 위성정당을 포기하라는 이낙연

필자는 다양한 계층과 계급을 대표하는 다당제에 대해 매우 호의적이다. 하지만 한국은 의미 있는 다당제를 시행하기란 매우 어려운 것이 사실이다. 다당제는 유권자들이 선택하는 것이다. 이미 한국에는 법률적으로 공산당을 제외한 그 어떤 정당도 설립할 수 있다. 그리고 정의당 같은 제3의 정당도 있었고, 안철수의 국민의당도 있었다. 제3 당을 유지했던 안철수가 국민의힘과 합당하면서 실질적으로 다당제가 무너진 것이다. 국민이 다당제로 밀어줘도 제3당의 야합으로 물거품을 만들었다. 안철수의 국민의당, 김영삼의 민주당이 그랬다.

이 전 대표는 선거제도 개혁에 관해서는 "다당제를 통해 무당층을 국회에 포용하는 것이 정치 양극화 극복과 불안정 예방에 필요하다. 당장 할 일은 위성정당 포기를 전제로 한 준연동형 비례대표제를 유지하는 것이다. 비례대표도 확대하는 게 맞다"고 말했다.

이 전 대표는 특히 민주당 내 비명계 모임인 '원칙과 상식', 제 3지대 신당에 관해서는 "문제의식에 공감한다"고 말했다. 그는 '신당 창당을 염두에 둔 발언이냐'는 물음에는 "국가를 위해 할 일이 무엇인가 하는 것은 항상 골똘하게 생각하고 있다"고 했다. 다만, 이 전 대표 쪽 관계자들은 "여러 가능성을 열어두고 한 말이지만 창당은 현실적인 문제라 쉽지 않다. 신당이 필요할 만큼 답답한 상황이라는 말을 한 것"이라고 했다.

소수 정당이 원내에 진입할 수 있도록 지난 총선에서 준연동형 비례대표제를 만들었다. 하지만 국민의힘이 합의를 깨고 위성정당을 만드는 바람에 민주당도 위성정당을 만들었다. 그래도 민주당은 위성정당인 더불어시민당에 다양한 정파를 받아들여서 선거가 끝난 이후 각자의 당으로 돌려보냈다.

이낙연과 '원칙과 상식' 팀은 국민의힘이 위성정당을 만들더라도 민주당은 위성정당을 만들면 안 된다고 한다. 그렇게 되면 민주당은 최소 30석은 손해를 보게 되어 있다. 그럼에도 불구하고 이재명 대표에게 위성정당을 포기할 것을 요구하고 있다.

선거구제 개편은 여야 합의사항이다. 국회 표결로 해결되는 문제가 아니다. 게임의 룰을 정하는 문제이기 때문에 의석수가 아니라 언제나 합의를 통해 개정했다. 그런데 지금 국민의힘은 연동형이건 준연동형이건 무조건 반대한다는 방침이다. 예전처럼 병립형으로 가자는 것이 국민의힘 안이다. 민주당은 국민의힘이 위성정당을 만들지 않는다면 연동형으로 가겠다고 하는데, 국민의힘은 연동형일 경우 무조건 위성정당을 만들겠다고 한다.

이낙연과 '원칙과 상식'은 국민의힘이 위성정당을 만들더라도 민주당을 만들면 안 된다고 한다. 민주당으로선 이렇게 하면 과반 의석 확보는커녕 국민의힘에게 1당마저 내주게 생겼다. 민주당의 고민이 깊을 수밖에 없다.

이재명 대표는 2023년 11월 28일 자신의 유튜브 라이브 방송을 통해서 다음과 같이 말했다.

"말이나 상식이 통하지 않는다. 현실의 엄혹함이라는 게 무시할 수 없는 상황"이라며 "심각하지 않으냐"고 말했다. 그러면서 "내년 총선에서 우리가 1당을 놓치거나 과반을 확보하지 못하면, 집권 여당의 과거 퇴행, 역주행을 막을 길이 없다"고 강조했다. "이상과 현실 중에 현실의 비중이 점점 높아져서, 더 나은 세상을 만드는 것에도 최선을 다해야 하지만 더 나쁜 세상이 되지 않게 막는 것도 아주 중요한 과제가 됐다"고 했다. 이어 "최근 벌어진 (선거제 개편 관련) 여러 논쟁들도 이 문제와 관련해 현실을 어떻게 파악하느냐, 우리의 역할을 뭐라고 규정하느냐 진단과 대처 방안이 다른 것 때문에 벌어진 일"이라며 "우리가 나아가야 될 길에 대한 생각도 다를 수밖에 없다"고 말했다.

위성정당을 만들 수도 있다는 것으로 보인다. 당연하다. 여당인 국민의힘이 위성정당을 만들겠다는데 민주당이 안 만들면 그것은 바보짓이다.

필자는 당내에서 위성정당을 만들면 안 된다는 세력들이 무슨 다른 꿍꿍이속이 있는 것은 아닌가 의심한다.

이낙연의 신당 선언

아니나 다를까 이낙연은 12월 13일 SBS에 출연해 "신당 창당을 진짜로 할 거이냐?"는 질문에 "예"라고 답하며 "대한민국이 큰일 났고 정치 때문에 더 큰일 났다고 절망하시는 분들에게 작은 희망이나마 드리고 말동무라도 돼드리겠다는 방향은 확실하다"고 했다. 이낙연은 신당 창당 진행 상황에 대해 "실무 단계의 초기"라며 "보통 언론이나 국민이 관심 갖는 건 첫 발표라든가인데, 그건 새해 초에 새 희망과 함께 말씀드리겠다"고 말해, 창당 발표 시기를 내년 초로 지목했다.

이낙연은 신당에 함께 할 사람에 관한 질문에 "정치가 절망을 주는 현실을 타개할 일에 함께할 의지와 비전을 가진 분이라면 함께 하겠다"며 제 3지대 신당을 각각 창당한 양향자 의원, 금태섭 전 의원에 대해 "같이 가는 게 바람직하겠다"라고 말했다.

일단 당 내에서 분열을 부추기는 발언보다는 스스로 나간다는 것은 다행스러운 일이라고 생각한다. 하지만 민주당의 당대표까지 했으며, 문재인 정부에서는 총리를, 그리고 민주당에서 대선 후보가 되고자 했던 이낙연의 탈당과 신당 선언은 민주당을 분열시키는 것에 불과하다.

그동안 이낙연이 연동형 비례제로 가야 한다고 했던 말은 자신의 신당을 염두에 둔 것은 아닌지 의심스럽다. 야당을 지지하는 비례는 자신이 만들고자 하는 신당이 독차지하고 싶은 욕심이라고 생각된다. 그럴수록 민주당은 국민의힘이 주장하고 있는 병립형으로 회귀할 수밖에 없지 않나 싶다. 사실 준연동형 비례제는 위성정당의 출현을 막을 수 없는 허점으로 인해 차라리 병립형이 깔끔할 수 있다고 생각한다.

이낙연의 저의야 어떻든 간에 자신을 거물 정치인으로 키워준 민주당을 쪼개서 신당을 차리겠다는 이낙연의 구상이 성공해서는 안 된다.

이는 원팀 민주당으로 승리를 염원하는 민주당 당원들과 지지자들에게 돌을 던지는 일이다. 자신이 함께 먹던 공동우물에 침을 뱉고 새 우물을 파러 가는 일이다.

새해에 이낙연 신당이 출범하는 것은 이제 상수가 되었다. 하지만 이낙연의 지지세가 호남에서도 그리 높지 않다. 전국의 어느 지역구에서도 당선을 기대하기 어렵다. 비례정당으로 높은 순위에 순번을 받으려면 의원들이 합류해야 하는데 이낙연을 따라서 탈당할 현역 의원들은 거의 없을 것으로 보이기에 성공할 가능성은 거의 없다.

과거 안철수의 국민의당이 호남에서 성공했던 것을 재현하고 싶겠지만 당시 안철수는 강력한 대권주자였는데 지금 이낙연은 대권에서 상당히 멀어져 있다. 그리고 호남에서는 민주당의 지지율이 그 당시에 비해서 매우 높다. 호남은 총선에서 민주당이 승리하고 저 무도한 검찰 정권을 조기에 끝장내주기를 바라고 있다. 이낙연 신당은 호남의 희망이 아니라 호남의 걸림돌일 뿐이다.

공정한 경선을 보장하라

기회는 평등한가?

이재명 성남시장이 민주당 대통령 후보 경선에 출마하면서 외친 것이 있다. "기회는 평등하고, 과정은 공정하고, 결과는 정의로울 것이다."라는 말이다. 이 말은 이후 민주당 경선에서 승리한 문재인 후보가 선거 기간 내내 캐치프레이즈로 내건 구호이기도 하다. 결국 이 구호에 민주당 정신이 들어있다고 봐야 할 것이다.

2024년 총선을 앞두고 당내 경선이 치열하다. 하지만 정치 신인들은 기존 지역구 의원이나, 지역위원장에 비해서 많은 열세에 놓여 있다.

일단 지명도에서 지역구 국회의원에게 밀릴 수밖에 없다. 지역구 국회의원은 지역사회에서 최소 4년, 많게는 20여 년 동안 이름이 오르내리던 인물이다.

여기에 그치지 않는다. 지역구 국회의원은 해마다 의정 보고서라면서 수십 페이지 의정활동 책자를 만들어서 전체 유권자에게 발송하고 있다. 각종 지역 예산을 확보했다면서 거리거리마다 시시때때로 횟수에 제한 없이 현수막을 걸고 있다. 명절이라고 걸고, 연말이라고 걸고, 연초라고 걸고, 정치 현안이 있을 때마다 현수막을 사람들이 오가는 길목마다 건다. 그러니 인지도 면에서 엄청난 장점을 갖고 있다.

여기까지는 그래도 의정활동의 연장선이라고 할 수도 있다. 현수막은 최근 가짜 정보를 바탕으로 유권자를 현혹하는 국민의힘 현수막 정치공세에 맞서는 인터넷 댓글과 같은 역할을 하기도 한다. 하지만 가장 문제되는 것은 지역구 당원명부를 지역 국회의원이나 지역위원장이 독점하고 있다는 것이다. 이들은 정확한 당원명부를 바탕으로 대량의 문자를 보낸다.

하지만 정치 시인들에게는 당원명부를 제공하지 않고 있다. 개인정보 처리 기준을 운운하면서 신인들에게 당원명부를 제공하지 않고 있다. 그렇다 보니 지역위원장이나 지역위원장을 겸임하고 있는 국회의원은 권리당원에게만 정확하게 문자 메시지를 보내지만, 신인들은 지역구 유권자를 대상으로 무차별적으로 문자를 보내야만 하는데 비용 면에서 감당하기에 매우 어렵다. 당원명부 공개가 정보공개법에 의하여 어려움이 있다면, 중앙당 차원에서 각 후보자에게 위탁받아서 횟수를 제한하여 지역 당원들에게 문자 메시지를 보낸다면 당원명부를 공개하는 효과를 거둘 수 있을 것이다.

경선에 결선투표를 도입해야 한다

각종 여론조사를 보면 지역 국회의원에 대한 교체 여론은 늘 압도적이다. 하지만 경선 결과만 놓고 본다면 압도적인 교체 여론을 무색하게 한다. 이는 교체 여론은 높으나 신인은 인지도도 낮은데 후보가 난립해서 현역의 장벽을 넘기가 매우 어렵기 때문이다.

민주당에는 지난 이해찬 당대표 때부터 시스템 공천을 도입했다. 그렇다면 지난 총선에서 민주당은 정말 시스템 공천을 했는가? 대답은 불행하게도 그렇지 않았다.

시스템 공천을 하려면 첫째 현역 의원이 있는 지역구는 도전자가 있다면 무조건 경선해야 한다. 하지만 지난 총선에서 민주당은 상당히 많은 지역에서 현역 단수 공천을 했다. 친이재명계 도전자들은 경선에서조차 참여하지 못하고 고배를 마신 경우도 많았다.

지금 이른바 수박이라고 일컬어지고 있는 의원들 대부분이 지난 경선에서 단수 공천되었다는 것은 시사하는 바가 크다. 2024년 총선에서는 반드시 도전자가 있는 지역구는 공정한 경선을 해야 한다. 그런데 단 한 번의 경선으로 최다 득표자가 승자가 되는 것은 시정해야만 한다. 경선하되 과반수 득표자가 없을 때는 결선투표를 통해 최종 승자를 가려야만 한다. 그래야만 현역 국회의원을 교체하고 싶어 하는 유권자의 요구에 부응할 수 있다.

경선이 1:1 구도라면 아무 문제가 없지만, 1:다(多) 구도라면 인지도 면에서 월등히 앞서는 현역이 매우 유리하다. 35%의 득표로도 승리할 수 있는 것이다. 이것은 지역 민심을 제대로 반영하는 것이 아니다. 민주당은 1차 경선과 2차 경선 일정을 잡아야 할 것이다. 그래서 과반 득표자가 경선을 통해 민주당 후보로 결정되어야 한다.

경선의 결선투표 도입은 지역 민심을 대변하는 후보를 뽑는 것은 물론이고, 혹시 있을지도 모르는 후보 간 합종연횡 과정에서 후보 매수에 따른 금품 수수 등 각종 구설수를 막을 수 있다. 실제로 각 정당에서는 경선이 끝나면 후보 매수 행위로 인해 곤혹스러운 상황이 꽤 여러 번 있었다.

시간이 얼마 남지 않았다. 민주당은 즉각 결선투표 도입과 함께 경쟁자가 있는 한 전 지역구 경선을 밝혀야 할 것이다.

의정활동에 대한 엄격한 책임을 물어야 한다

김은경 혁신위는 하위 평가자 감산 대상을 현행 20%에서 30%까지 늘리고, 감산 범위를 20~40%까지 차등 적용할 것을 민주당에 권고했다. 하위 10% 대상자에게는 40% 감산하고, 하위 20%까지는 30% 감산하고, 하위 30%까지는 10% 감산하는 것으로써 감산 대상자는 50여 명에 이르게 된다. 민주당은 의정활동에 소홀하거나 민주당에 큰 도움이 되지 않은 현역 의원에 대해서 컷오프를 통해 경선에 참여하지 못하게 하지 않고, 본인이 받은 득표에서 감산하는 방법을 선택하고 있다. 컷오프보다는 감산하는 방법이 일면 타당할 수도 있다. 경선에조차 참여하지 못하고 컷오프된다면 무소속이나 당적을 옮겨 출마

할 여지가 있으므로 감산해서 경선에 참여시키는 것이 경선 후유증을 최소화하고 단일대오를 유지하는 데 도움이 될 거라 생각된다.

지금까지 유지되고 있는 감산 20%는 그들이 갖고 있는 인지도를 고려할 때 결코 위협적이지 않다. 최고 40%까지 감산하는 김은경 혁신위의 권고안을 지지한다.

하지만 지난 12월 7일 중앙위원회에서는 하위 10%에게는 30% 감산을 하위 20%에게는 현행대로 20% 감산을 의결했다. 좀 아쉬운 부분은 있으나 수긍하고자 한다.

하위 현역 의원에 대한 감산뿐만 아니라, 지역구 3선 이상에 대한 제한도 있어야만 한다. 3선 이상 한 의원 중에 일부는 자기들 노력의 결과물이라면서 다소 비판적인 입장을 취하기도 하지만, 민주당이라는 간판 없이 자신의 개인기만으로 다선 의원이 된 사람은 아무도 없다.

동일지역 3선 중진들의 험지 출마가 요구된다

선거 승리의 조건으로 지역, 구도, 인물을 얘기하는데 3요소 중에서 인물이 가장 낮은 요인이다. 대한민국에서 제일 중요한 것은 지역이며, 그 다음이 구도인 것이다. 흔히 밭이 좋다고 하는데 그것을 지역이라 보면 된다. 구도는 선거판에서 가장 중요한 이슈라고 생각하면 된다. 이른바 정권심판 같은 바람이나, 노무현 대통령 탄핵 사건 당시 열린민주당으로 대거 입성한 소위 '탄돌이' 같은 경우이다.

개인기가 아무리 뛰어나도 바람을 이기지 못한다. 바람이란 것은 개인이 만드는 것이 아니다. 민주당의 전략과 당원들의 헌신으로 만들어지는 것이다. 또한 선거 과정에서 민주당의 승리를 위해 조건 없이 시간과 돈을 써 가면서 선거운동을 하는 지지자가 없다면 그가 누구라도 선거에서 승리할 수 없다.

한 지역구에서 다선을 했다는 것은 그 지역에서 당원들에게 그만큼 빚을 졌다는 의미이다. 대부분 다선을 한다면 지역에서뿐만 아니라, 전국적으로도 인지도 높은 경우가 많다. 민주당의 승리를 위해서 3선 이상 국회의원들은 지역구를 후배들에게 양보하고, 자신은 민주당의 험지로 출마하는 것이 그동안 민주당으로부터 받은 은혜를 갚는 일이다.

우리는 포항에서 민주당 간판으로 수많은 선거에서 연거푸 패배한고 허대만 전 민주당 경북도당 위원장 같은 분들을 기억한다. 민주당의 험지에서 민주당의 승리를 위하여 희생한 분들을 생각한다면, 편안한 지역구에서 내리 3선을 한 분들이 자신의 기득권을 내려놓는 정도의 희생은 그리 가혹한 것이 아니다. 그리고 지명도 높은 중량감 있는 3선 의원들이 민주당의 험지에 도전한다면 그 지역의 유권자들도 마음을 열 것이라고 확신한다.

사실 지역구에서 3선을 했다고 해서 강제적으로 험지에 출마하라는 것은 성사되기 어려운 것이 현실이다. 홍익표 원내대표처럼 성동에서 서초로 지역구로 옮기는 희생이 필요한 시점이다.

민주당의 정체성에 부합하는 후보

2024년 총선 승리를 위해서는 유권자들의 요구에 부응하는 대대적인 물갈이가 진행되어야 한다. 그동안 민주당 국회의원으로서 민주당의 정체성에 걸맞은 행동을 해왔는지 민주당의 권리당원들은 경선을 통해 책임을 묻게 될 것이다.

민주당 후보의 제1원칙은 민주당의 정체성에 부합하는 후보를 뽑는 것이다. 지난 총선에서 제대로 된 검증 없이 스펙만 보고 영입해서 광주라는 좋은 지역구에 공천했던 양향자 같은 인물을 다시는 공천하면 안 된다. 양향자 의원은 지금 지난 총선에서 민주당 경선에 패배한 금태섭과 함께 '한국의희망'이라는 신당을 만들었다. 양향자뿐만 아니다. 시대전환 조정훈은 민주당 당원들의 지지를 받고 비례로 입성했는데, 사사건건 민주당과 다른 의견을 내더니 지금은 국민의힘에 가 있다. 이런 전철을 다시는 밟아서는 안 된다.

2024년 총선은 이재명 대표와 홍익표 원내대표를 중심으로 민주당의 정체성에 절대적으로 부합하는 경쟁력 있는 후보를 뽑아서 승리해야 한다. 2024년 총선에서는 민주당의 시스템 공천이 제대로 작동해서 민주당 권리당원들이 경선 과정부터 신명나게 참여할 수 있게 되기를 바란다.

3장

가장 무능한 대통령

후쿠시마 핵 오염수가 괴담이라는 윤석열

의심하는 것이 과학이다

2023년 8월 28일 국민의힘 연찬회에 2년 연속 참석한 윤석열은 일본 후쿠시마 핵 오염수 방류에 대하여 민주당과 핵 오염수 방류 반대를 주장하는 시민단체를 향하여 "1 더하기 1을 100이라고 하는 사람들입니다. 이런 세력들하고 우리가 싸울 수밖에 없습니다."라며 핵 오염수 방류는 과학적 방법이고, 핵 오염수 방류에 반대하는 것을 괴담이라고 밝혔다.

일단 짚고 넘어가야 할 것이 있다. 핵 오염수 방류에 반대하는 누구도 '1 더하기 1을 100'이라고 주장한 적이 없다. 주장하지도 않은 내용을 가지고 상대방을 공격하는 것은 정당성이 없다. 그리고 또한 과학적 근거라고 주장하며 핵 오염수 처리의 안정성을 믿으라면서 그것을 믿는 것이 과학을 믿는 것이라는 말도 틀린 말이다.

과학은 무조건 믿는 것이 아니다. 과학은 '1+1=2'라는 것마저 의심하고 검증하고, 새로운 발견을 하는 것이다. 과학적 가치란 바로 이런 것이다. '1+1=2+α' 즉 2보다 더 클 수 있다는 것을 찾는 것이 과학이다. 그리고 거기서 나온 것이 다 알다시피 '시너지 효과'라는 것이다.

과학은 무조건 믿는 것이 아니라 의심하고 또 의심하는 데서 출발한다. 의심하지 않고 무조건 믿는 것을 우리는 종교라고 한다.

일본 정부가 내놓은 후쿠시마 오염수 관련 자료는 심지어 '과학적'이지도 않다. 일본 정부가 방류를 결정하면서 안전하다며 내놓은 것을 보면, 오염수에서는 위험한 방사성 물질이 전혀 나와서는 안 된다. 그들의 주장대로라면 알프스를 통과한 오염수는 매우 안전해서 식수로 써도 무방하며, 공업용수는 물론 농업용수로 육지에서 사용해도 된다. 그런데 일본은 그것을 기필코 바다에 버리겠다고 한다.

윤석열 정부는 일본 정부의 발표를 과학적으로 검증하고 의심하고 또 의심해야 한다. 방류를 반대한 민주당과 시민단체들이 요구하는 정확한 데이터를 받아야 한다. 그런데 윤석열 정부는 2023년 5월에 후쿠시마 오염수 시찰단을 보내놓고는 일본이 보여주고 싶은 것만 보고 왔다. 전혀 의심하지 않고 일본을 믿었다.

지금 윤석열 정부가 하는 행태는 과학적 접근이 아니라, 일본 정부의 발표를 무조건 믿는 종교적 접근을 하고 있다. 일본의 과학적 검증 결과라는 거짓된 발표를 의심하지 않고 종교처럼 믿고 안전하다며 홍보하고 있다.

방사성 물질의 누출이 없었다고 말한 윤석열

과학 얘기가 나온 김에 윤석열이 대선 후보 시절에 한 말을 소환하지 않을 수 없게 되었다.

2021년 7월 19일 윤석열 국민의힘 예비후보는 매일경제와의 인터뷰에서 "체르노빌이 원전사고고, 후쿠시마는 이제 저거는 지진과 해일이란 말이에요. 그리고 방사능이 외부에 유출돼서 사람이 죽고 다친 건 아니란 말이에요."라는 발언을 했다. 윤석열의 말은 무슨 말인지 알아들을 수 없지만, 이 발언을 해석하자면 원전 폭발 사고는 없었고, 방사능 유출도 없었다는 말이다. 방사능 유출이 분명히 있었고, 지금도 진행 중인데도 불구하고 무슨 과학적 근거를 바탕으로 이렇게 발언했는지 궁금하다.

여기에 그치지 않고 비슷한 발언은 그해 8월 4일 부산일보와의 인터뷰에서도 했다. "우리나라에 들어오는 원전은 체르노빌과 다르다. 안전성 문제가 없다. 일본에서도 후쿠시마 원전이 폭발한 것은 아니고, 지진과 해일이 있어서 피해가 컸지만, 원전 자체가 붕괴된 것은 아니다. 그러니깐 방사능 유출은 기본적으로 안 됐다."고 발언했다.

매일경제와의 인터뷰가 나왔을 때도 방사능 유출이 없었다는 괴담을 얘기해서 비난을 샀는데, 자신의 소신을 굽히지 않고 불과 3개월 뒤에 또다시 부산일보와의 인터뷰를 통해 괴담을 퍼트렸다. 방사능이 유출되고 있다는 명백한 데이터가 있음에도 불구하고 끝까지 방사능 유출이 없었다고 우기는 것을 우리는 종교라고 한다. 그것도 사이비

종교라고 한다.

이 두 발언은 동일본 대지진 당시 후쿠시마 원전에서는 대규모 방사능 유출이 발생했고, 윤석열이 그렇게 신뢰한다는 국제원자력기구IAEA에서도 사고 등급을 7단계로 매긴 바 있다. 후쿠시마의 손상된 원전에서 엄청난 양의 방사능이 누출되고 있다는 것은 의심할 수 없는 과학적 사실이다.

핵 오염수 방류는 과학적 결론이 아니다

일본 정부의 핵 오염수 방류 결정은 과학적 연구 결과물이 아니다. 일본은 골치 아픈 과학적 접근을 회피하고 알프스 처리 과정을 거친 오염수가 안전하다는 괴담을 퍼뜨리며 방류를 결정했다.

바다에 방류하는 것이 핵 오염수를 처리할 수 있는 유일한 방법도 아니다. 여러 가지 과학적 방법이 있으며 일본 정부도 2016년 바다에 방류하는 것뿐만 아니라 대기 방류, 지하 매설 등 다양한 방법을 검토했다.

일본 정부는 바다에 방류하면 34억엔약 321억 원, 대기에 방류하면 349억엔약 3,300억 원, 지하 매설엔 2,431억엔약 2조 3천억 원의 비용이 든다고 봤다. 대기에 방류하는 방법으로는 끓여서 수증기로 방류하는 방법이다. 방사성 물질은 대기보다 무거우므로 끓이면 물만 증발하고, 방사성 물질만 남게 되는데, 이때 남은 물질만 격리해서 보관하면 된다. 지하 매설 방법은 지하 암반에 구덩이를 파서 영구 보관하는 방법이다. 이 중 과학적으로 본다면 끊여서 수증기로 방류하고, 남은 물질은 지하 암반에 영구적으로 보관하는 것이 가장 합리적으로 보인다. 그런데 일본 정부는 가장 과학적인 것을 포기하고 바다에 방류하는 것을 결정했다. 그것이 가장 과학적인 방법이라서가 아니라 가장 쉽고, 가장 경제적인 방법이기 때문이다.

하지만 가장 경제적인 방법이라고 선택한 바다에 방류하는 방법 또한 과학적이지 않았다. 일본 수산업에 종사하는 사람들에게 보상해야 할 어마어마한 보상금은 생각지도 않았다. 방류를 결정하고 뒤늦게야 일본 어민에게 300억 엔을 보상한다고 하는데 그 금액도 매일 늘어나고 있다. 그런데 더 이상한 건 안전하다면서 왜 보상하겠다는 것인가? 보상하겠다는 말은 피해가 있고 안전하지 않다는 것을 스스로 인정하고 있다는 뜻이다.

사실 일본 어민에게 보상한다는 300억 엔은 일본 어민이 받을 피해를 생각하면 터무니없이 적은 금액이다. 일본에서 생산한 수산물을 가장 많이 소비하는 나라는 중국과 한국 그리고 홍콩이다. 일본이 방류를 시행하자마자 중국과 홍콩은 사실상 일본산 수산물에 대한 전면적인 수입 중단을 실시했다. 한국도 야당과 시민단체의 반대로 인해 일본산 수산물에 대해 전면적으로 개방할 수 없는 처지다. 일본은 가장 값싼 바다 방류를 선택했지만, 가장 비싼 대가를 치러야 할 것으로 보인다. 그러니 바다 방류 결정이 경제적이라는 것은 스스로 무덤을 판 결과로 나타날 것이다.

국민의힘은 2021년엔 오염수 방류를 반대했다

일본이 후쿠시마 핵 오염수를 바다에 방류하겠다고 하자, 문재인 정부 시절인 2021년 6월 28일에 국회 본회의에서는 '후쿠시마 오염수 규탄 결의안'이 압도적 찬성으로 의결되었다. 당시 국민의힘 소속 의원 59명이 결의안에 찬성했다. 이들 중에는 전 국민의힘 김기현 대표와 윤재옥 원내대표도 있다. 국민의힘 소속 의원 절반이 넘는 인원이 찬성했다.

그때는 찬성했던 김기현 전 당대표는 지금 오염수 방류를 과학적 방법이라면서 찬성하고 있다. 그 당시 격렬하게 반대했던 국민의힘 소속 의원들은 자신들이 후쿠시마 핵 오염수가 위험하다며 괴담을 퍼뜨린 장본인인 셈이다. 국민의힘 소속 의원들은 지금 일본 핵 오염수가 안전하다면서 수산물시장을 돌아다니며 먹방 쇼를 펼치고 있는데, 그보다 먼저 2021년에 핵 오염수가 위험하다며 괴담을 퍼트린 것에 대해서 대국민 사과를 하는 것이 옳다.

지금 그들은 민주당이 핵 오염수 괴담을 퍼뜨려서 한국의 수산업을 초토화시키고 있다는데, 그들 말대로라면 본인들 역시 괴담의 원조인 것이다.

지금 부산, 목포, 속초는 물론 서울의 수산시장에서 수산물 소비가 위축된 것은 민주당의 괴담 유포 때문이 아니라 일본, 한국, 미국만 찬성하고 전 세계가 반대하는 핵 오염수를 바다에 방류한 일본 정부 때문이다. 대한민국의 정부라면 야당을 보고 괴담 유포의 장본인이라고 몰아세울 것이 아니라, 과학적 접근 방법을 무시하고 전 세계인의 우물인 태평양에 핵폐기물을 투기하는 일본 정부를 비난하고, 그들에게 구상권을 청구해야 할 것이다. 왜 일본 어민들에게는 보상금을 지급하면서 바로 인접국으로 일본 못지않은 피해를 보고 있는 한국 어민들에게는 보상금을 지급하지 않는 것인가?

먹방 쇼를 통한 사기극

대통령실은 2023년 8월 27일 "8월 28일부터 1주간 매일 구내식장 점심 메뉴로 우리 수산물을 제공하기로 했다."고 밝혔다. 구체적인 메뉴도 공개했는데, 첫날인 28일에는 모듬회^{광어·우럭}와 고등어구이, 29일은 제주 갈치조림과 소라무침, 30일에는 멍게비빔밥과 우럭탕수,

서울 동작구 노량진 수산시장을 찾아 국민의힘 김영선 의원이 안전하다며 수조 물을 떠서 마시고 있다. KBS 유튜브 채널 갈무리

31일은 바닷장어 덮밥, 전복버터구이, 김부각, 9월 1일에는 물회 등으로 식단을 구성했다.

그날 윤석열은 이곳만 오면 언제나 힘이 난다는 부산 자갈치시장을 방문해서는 "현명한 우리 국민은 괴담에 흔들리지 않을 것"이라고 발언했다. 지금 수산물시장에 손님 발길이 끊긴 것이 야당의 후쿠시마 오염수 괴담 때문이라는 것이다.

윤석열뿐만 아니라 김기현 대표를 포함해서 국민의힘 의원들은 수산물시장을 돌아다니면서 회를 먹는 먹방 쇼를 펼치고 있다. 그러면서 우리 수산물은 안전하다고 얘기하고 있다. 아직 일본이 바다에 방류한 핵 오염수는 한국에 도달하지도 않았다. 그러니 지금 한국 근해에서 잡힌 수산물이 안전한 것은 당연한 것이다. 다만 소비자들은 일본의 핵 오염수 방류로 인해 먼저 반응하고 있는 것이다. 수산물 외에 먹거리가 없는 것도 아니다. 수산물은 소고기나 돼지고기처럼 얼마든지 육지의 다른 대체제가 존재한다.

지금 국민들이 수산물을 먹지 않는 이유는 한국에서 잡힌 수산물이 위험해서가 아니라, 윤석열 정부의 시장 관리 능력을 의심하고 있기 때문이다. 이미 바다에 핵 오염수를 버리고 있기 때문에 대부분의 소비자들은 찝찝해서 안 먹는 것이며, 일부 소비자들은 윤석열 정부하에서 과연 원산지 표시가 제대로 되고 있는지 의심하고 있다. 국산이라고 표시되어 있지만 혹시 일본산이 아닌가 하고 의심하는 것도 수산물 소비 위축에 한몫하고 있다.

윤석열과 국민의힘 의원들의 먹방 쇼가 더욱 기가 막힌 것은 지금 한국 바다에는 도달하지도 않은 핵 오염수를 갖고, 먹방 쇼를 통해 마치 일본 정부의 핵 오염수가 안전하다고 광고하고 있다는 것이다. 일본의 핵 오염수가 안전하다면 우리 수산물 먹방 쇼를 할 것이 아니라 후쿠시마 인근 바다에서 잡은 물고기 회를 먹어야 할 것이다. 그래야 국민이 겨우 믿을까 말까 할 것이다.

런던협약 위반

핵폐기물을 바다에 투기하려는 시도는 이번 일본에만 있었던 일이 아니다.

1993년 2월 26일 영국의 권위 있는 민영방송 채널4TV에서는 "러시아 해군이 동해에 핵폐기물을 투기"하고 있다고 보도했다. 이때 엘친 러시아 대통령의 환경보좌관 알렉세이 야블로코프 박사는 채널4TV를 통해 "해군이 핵잠수함에서 쓰던 중고 원자로 등 핵폐기물을 비밀리에 버리고 있다는 사실이 밝혀졌다"고 말했다. 심지어 그는 '오래된 관행'이라고까지 했다.

당시 그린피스가 폭로한 사실에 의하면 옛 소련과 러시아가 핵폐기물을 바다에 버리고 있는데 이유는 핵 처리 및 저장시설이 부족해서였다고 했다. 러시아를 포함해 옛 소련 각국의 핵 물질 저장시설 중 53.5%는 더 이상 핵폐기물을 저장할 수 없는 상태였다고 했다. 옛 소련과 러시아 정부는 지상은 포화 상태인 데다 비용을 절약하기 위해

방사성 폐기물을 바다에 버린 것
이다.

아이러니하게도 이 당시 가장
반발했던 나라는 일본이었다. 그
해 4월 러시아 정부에 강력하게
항의하고 핵폐기물 투기를 중단
할 것을 요구했다. 여기에 그치
지 않고 일본 정부는 그린피스와
함께 동해에 가서 러시아의 핵폐
기물 투기 현장을 전 세계에 고
발했다.

일본 정부는 한 단계 더 나아
갔다. 핵폐기물 및 기타 물질에
의한 해양오염방지에 관한 협약
즉 런던협약을 주도했다.

일본의 뜻대로 고준위 핵폐기

1993년 11월 12일 한국일보.

물뿐만 아니라 저준위 핵폐기물까지 전면 금지하는 런던협약이 개정
되었다. 런던협약에는 당연히 일본이 가입되어 있다. 한국도 2009년
에 가입해 있는 상황이다.

사실 그 당시 일본도 몰래 핵폐기물을 바다에 버리고 있는 상황이었
다. 미국도 핵폐기물을 바다에 버리고 있었다. 러시아의 '오래된 관행'

이라는 말이 허언은 아니었던 셈이다.

런던협약은 일본이 강력하게 요구해서 만들어진 것이다. 그리고 대부분의 나라들이 런던협약의 가입국이다. 그런데 지금 일본은 런던협약을 무시하고 핵폐기물을 바다에 버리고 있다. 자신들의 주도로 만들어진 런던협약을 자신이 먼저 노골적으로 위반하고 있다.

2023년 9월 4일 이재명 민주당 대표는 런던협약 가입국 모두에게 일본의 핵폐기물 투기를 고발하는 내용의 친서를 보내겠다고 발표했다. 여당인 국민의힘은 자해행위라고 비난하는데, 일본의 핵폐기물 투기를 저지하고 바다를 지키는 것이 어떻게 자해행위가 될 수 있는가?

해수부의 '수산물 안전 관리 홍보 예산'

윤석열 정부가 일본 홍보대행사를 자임하고 있다. 일본 후쿠시마 핵오염수 안전성 홍보를 위해 국민 세금 11억 3,688만 원을 투입할 계획이라니 기가 막힐 따름이다.

윤석열 정부는 '일본의 역사 왜곡 대응 연구' 사업을 위한 내년 예산은 올해보다 70% 이상 삭감해놓고 일본을 위해서는 혈세 쓰는 것에 조금도 주저하지 않는다.

2023년 10월 5일 국회 외교통일위원회 소속 김경협 더불어민주당 의원실이 해수부에서 받은 자료에 의하면, 해수부는 하반기 '수산물 안전 관리 홍보 예산' 명목으로 총 10억 2,037만 원을 편성했다. 이중 지난 8월 30일까지 열차KTX 및 지하철 역사 내 광고 8,918만 원, 버스

터미널 내 광고 4,565만 원, 열차KTX·SRT·ITX 및 지하철 내 광고 6,754만 원 등 2억 237만 원을 집행했다. 광고는 모두 오염수 방류와 관계없이 국내산 수산물은 안전하다는 내용이다.

2023년 말까지 집행될 예정인 오염수 안전성 홍보 예산은 8억 1,800만 원 상당이다. 열차KTX 및 지하철 역사 내 광고 8,918만 원, 버스터미널 내 광고 4,565만 원, 열차KTX·SRT·ITX 및 지하철 내 광고 1억 5,994만 원, 대형마트 카트 및 무빙워크 광고 5억 2,324만 원이 지출될 예정이다.

부산 공동어시장 사업 예산을 전용

이뿐만 아니라 해수부는 다른 사업 예산을 전용해 수산물 안전 관리 홍보 예산 10억여 원을 편성한 것으로 드러났다. 해수부 관계자는 "당장 가용할 예산이 없어 부산 공동어시장 사업 예산을 전용했다."고 밝혔다.

해수부가 오염수 안전성 홍보 명목으로 집행했거나 할 예정인 예산을 총합하면 11억 3,688만 원에 달한다. 10억 2,037만 원에 더해 라디오 방송 캠페인 1,650만 원, 조선일보·중앙일보·동아일보 등 6개 신문에 광고 1억 원을 별도로 지출했다.

해수부를 포함해 윤석열 정부가 오염수 안전성 홍보를 위해 지출한 예산으로 확인된 금액만 28억 원 가까이 된다. 김 의원실에 따르면 지난달까지 문화체육관광부는 15억 9,400만 원을, 대통령실은 3,800만 원을 집행했다.

일본의 오염수 방류로 어민들의 생계가 위험해지는데도 일본은 자국민 어민들에게는 보상하면서 가장 가까운 이웃 나라의 어민 피해에 대해서는 '나 몰라라'하고 있고, 대한민국 정부는 혈세 써가며 오염수의 안전성을 일본 정부 대신 적극적으로 홍보 중이다. 그럴 돈이 있으면 국민이 동의할 수 있는데 써야 할 것이다.

안전성은 광고가 아니라 과학적 검증을 통해서

일본 후쿠시마 핵 오염수의 안전성은 광고가 아니라 과학적 검증을 통해서 확인되는 것이다. 윤석열 정부는 더 이상 눈 가리고 아웅 하지 말아야 할 것이다.

지금 국제해사기구IMO*에는 일본의 후쿠시마 원전 오염수 해양투기 문제가 의제로 상정되어 있다. 일본의 핵 오염수 투기는 핵폐기물의 해양투기를 금지한 런던 의정서 위반이기 때문이다. 런던 의정서는 러시아의 핵폐기물 투기에 반발하며 일본이 주도한 것인데, 일본이 지금 런던협약을 대놓고 위반하고 있다.

윤석열 정부는 국제해사기구를 통해 후쿠시마 핵 오염수 투기를 저지하지는 못할망정 그곳에서도 일본 정부의 홍보대행사 역할을 하고 있다. 윤석열 정부의 주인은 대한민국 국민인가? 일본인가?

---

* 국제해사기구 : 배의 항로, 교통 규칙, 항만 시설 따위의 국제적 통일을 목적으로 설립한 국제 연합의 전문 기구. 사무국은 영국의 런던에 있다.

핵 오염수를 처리수라 부르겠다는 윤석열 정부

2023년 5월 11일자 중앙일보에 따르면 윤석열 정부는 5월 10일 "현재 일본이 후쿠시마 원전 부지 내 탱크에 알프스ALPS : 다핵종 제거 설비를 통과해 주요 방사성 물질 등을 제거한 물을 보관하고 있다. 배출 기준에 맞게 처리된 물은 약 30%, 여전히 오염된 물은 70%이다. 향후 처리 비율이 높아지면 오염수를 '처리수'로 바꿔 부르는 게 합리적이니 용어 수정을 검토하고 있다."고 보도했다.

이에 앞서 5월 9일 국민의힘이 발족한 '우리 바다 지키기 검정 TF'의 첫 회의에서도 "바다에 방류되는 물의 경우 오염수가 아닌 처리수라는 용어를 사용하는 게 적절하다."는 의견을 제시했다.

국민의힘과 윤석열 정부는 '오염수'라는 매우 부정적인 단어 대신 과학적으로 안전하게 처리되었다는 뉘앙스의 '처리수'라는 용어를 사용함으로써 후쿠시마 오염수 방류에 대한 절대적인 국민의 반대 의견을 누그러뜨리려 하고 있다.

도쿄전력은 그동안 오염수알프스 처리수에 다른 핵종은 없이 삼중수소만 존재하는 것처럼 말해왔다. 알프스는 오염수를 탱크에 저장하기 전 핵종제거설비로 62종의 방사성 핵종을 걸러내고 있다는 것이다. 그러나 2022년 8월에 열렸던 후쿠시마 주민공청회를 통해 삼중수소뿐 아니라 세슘 137과 스트론튬 90, 요오드 131 등 여러 방사성 물질이 포함되어 있다는 사실이 밝혀졌다.

또한, 당시 쌓여있었던 오염수 94만 톤 중 89만 톤을 분석해보니,

무려 75톤이 방사능 방출 기준치를 초과했고, 그 중 스트론튬 90은 기준치의 2만 배를 초과하고 있는 것으로 드러났다.

그런데도 불구하고 윤석열 정부와 여당은 여전히 '오염수' 대신 '처리수'라고 불러야 한다고 주장하고 있다.

2023년 8월 30일 국민의힘 유상범 수석대변인은 "이제 오염 처리수로 공식화해야 한다. 저쪽_{일본}에서 오염된 걸 처리해 방류하는 거니까 '오염 처리수 사태'라 불러야 할 것"이라고 말했다.

국민의힘 '우리 바다 지키기 검증 TF' 위원장인 성일종 의원도 "정치 공세를 위해 오염수라 부르고, 핵 폐수라 부르는 것"이라며 "(용어는) 오염 처리수가 맞다"고 말했다.

박구연 국무조정실 국무1차장은 이날 범부처 일일 브리핑에서 나온 관련 질문에 "현재까지 총칭하는 차원에서는 오염수 표현이 유지가 될 것이고, 다만 구체적으로 어느 타이밍에 어느 정도로 보완을 할 건지 이 부분은 계속해서 의견을 들어보고 판단할 계획"이라고 기자들의 질문에 답했다. '오염수'를 '처리수'로 부르고 싶은 욕구를 엿볼 수 있는 대목이다.

한국 정부는 '오염수'를 '처리수'로 부르고 싶어 하는데, 정작 일본의 하토야마 유키오 전 일본 총리는 일본 정부가 오염수를 처리수로 부르는 것에 대해 비판적 견해를 밝혔다.

그는 오염수 방류를 앞둔 8월 22일 자신의 트위터를 통해 "정부는 어업인들에게 관계자의 이해 없이 어떠한 처분도 하지 않겠다는 약속을 지키려 하지 않고 사과도 하지 않고 24일 오염수를 방출하기로 결정했다"며 "오염수를 처리수라고 불러도 마찬가지다. 왜 삼중수소 제거 기술을 사용하지 않냐"고 지적했다.

그는 지난 6월 29일에도 "10년 이상 수조에 담겨 있던 오염된 물에는 금속 부식으로 인한 방사성 물질과 다량의 불순물이 포함되어 있어 어류 및 해양 생태계에 매우 심각한 악영향을 미친다. 중국과 한국이 아닌 일본 국민이 반대해야 한다"고 밝힌 적이 있다.

일본에서 총리를 지낸 하토야마 유키오도 반대하는 핵 오염수를 실질적으로 찬성하고, 과학적 접근 방법이라고 쉴드치는 윤석열은 한국의 대통령이 아니라 일본의 대통령이라고 필자는 생각한다. 일본의 대통령 윤석열은 이제 본국으로 보내줘야 한다.

윤석열은 가라!

안전한 핵 처리수가 바닷물과 조화롭게 공존하는 후쿠시마 앞 바다로 가서 안전한 후쿠시마산 수산물 회에 소주를 마음껏 먹으면서 만수무강하시라!

윤석열 면전에서 동해를 일본해라고 못 박은 바이든

미 국방부 동해가 아닌 일본해가 맞다

윤석열은 2023년 8월 18일 미국 캠프 데이비드에서 미국 대통령 바이든과 일본 총리 기시다와 함께 한미일 정상회의를 열었다. 이날 정상회의의 주된 내용은 한미일의 안보협력을 강화한다는 것인데, 이는 북한과 중국 그리고 러시아에 대항하겠다는 것이다.

한미일 정상회의는 일본의 핵 오염수 방류를 저지할 마지막 기회였다. 하지만 윤석열은, IAEA 점검 결과를 신뢰한다면서 일본의 손을 들어줬다. 도대체 윤석열은 어느 나라 국민을 대표하는지 묻고 싶다. 한미일 정상회의 이후 일본은 8월 24일부터 후쿠시마 원전 오염수의 방류를 시작했다.

윤석열은 한미일 정상회의에서 오염수만큼 한국에서 문제가 되고 있는 '동해'가 '일본해'가 맞다고 발표한 미국 국방부의 의견에 대해서 강력하게 항의했어야 했다. 하지만 윤석열은 입도 뻥긋하지 않았다.

미국은 2023년 2월 동해상에서 한미일 훈련을 실시하면서, 훈련 장소를 '동해'가 아닌 '일본해'라고 표시해서 문제가 되었다. 동해를 일본해라고 한다면 독도는 일본해에 있는 섬이 되는 셈이다. 이후 일본의 독도 영토 침탈의 구실이 될 것이 뻔하다. 더군다나 일본과 함께 군사 훈련을 실시한다는 것은 매우 굴욕적이면서, 불법적인 식민지 지배를 35년 동안 하면서, 우리 민족을 힘들게 했던 일본과 해서는 안 될 훈련이었다.

미국 국방부는 한국 내의 야당과 여러 시민단체의 반발에도 불구하고 캠프 데이비드에서 예정되어 있는 한미일 정상회담을 며칠 앞둔 8월 15일 한국의 광복절에 "일본해가 맞다. 일본해라고 쓰는 건 미 국방부뿐만 아니라 미국 정부 기관들의 정책이다."라고 공식적으로 밝혔다.

이에 대해 한국의 전하규 국방부 대변인은 8월 17일 오전 정례브리핑에서 "미 국방부가 동해를 일본해로 앞으로 계속 고정적으로 표기하겠다는 입장을 밝혔다는 보도가 있었는데, 이게 맞느냐, 또 우리 국방 당국 입장을 설명해달라"는 홍의표 MBC 기자 질의에 "국방부는 고도화되는 북한 핵·미사일 위협에 대응하기 위해서 한·미·일 3자 훈련을 확대해 나가고 있다"며 "이런 과정에서 다양한 계기에 동해 표기에 관한 우리 정부의 입장을 미 측에 전달해 왔고 앞으로도 훈련 해역 표기에 관해서 미 측과 긴밀히 협의해 나갈 것"이라고 답했는데, 강력하게 항의하겠다는 의지는 없어 보였다.

캠프 데이비드 한미일 정상회담을 앞둔 시점에서 미국이 동해의 일본해 표기 방침을 굳힌 것은 식민 지배와 야스쿠니 신사 참배에도 말 한마디 없는 윤석열 정부를 무시하고 미국이 부담 없이 일본 손을 들어주는 상징적인 사건이었다.

미국의 방침이 아무리 확고하다 해도 한미일 정상회담을 앞두고 미국이 이렇게 발표한 것은 미국이 윤석열을 호구로 보고 있다는 것이다. 실제로 윤석열은 캠프 데이비드에서 바이든을 만나서는 이에 대해 단 한 마디도 꺼내지 않고, 북한의 도발에 한미일이 공동 대응하겠다는 입장만 되풀이했다.

우리나라의 애국가의 첫 구절은 "동해물과 백두산이 마르고 닳도록~"인데 이제 애국가도 "일본해와 백두산이 마르고 닳도록~"으로 해야 하는 건가? 여기에 더 나아가 중국에 가면 백두산의 중국 명칭인 장백산을 쓰겠다고 할지 걱정이 된다.

동해가 아닌 한국해는 어떨까?

미 국방부 입장에 대해 강력하게 항의해야 하는 것은 물론이지만, 그동안 우리나라 역대 정부의 안일한 대응과 전략 부재에 대해서도 한마디 하지 않을 수 없다.

지도를 놓고 보면 동해는 어디까지는 한국의 입장에서 볼 때 동쪽에 있는 바다이다. 하지만 일본의 입장에서 보면 동해는 동쪽에 있는 바다가 아니라 서쪽에 있는 바다이다. 어느 특정 국가가 아닌 제 3자 입장에서 보면 동해라는 명칭은 다소 억지에 가깝다. 우리가 서해라고 부르는 황해Yelloe Sea 역시 비슷한 과정을 거쳤다. 우리의 입장에서 보면 서해West sea인데 중국의 입장에서 보면 동해East sea이다. 그렇다 보니 중국에서 불러오던 대로 황해가 되었다. 중국에서 황해라고 부르는 이유는 중국대륙을 관통해서 흐르는 황하에서 토사가 유입되어 색깔이 누런빛을 띠는 바다라는 의미이다. 우리나라 중심으로 방향을 잡고 부르다 보니 국제적 표기에서 밀린 것이라고 할 수 있다.

동해 역시 황해와 비슷한 과정을 겪고 있다. 동해는 일본인보다 한국인이 더 애착을 갖는 바다이다. 동해는 삼국시대부터 우리의 선진 문물이 일본으로 전해지는 바닷길이었다. 그리고 무엇보다 동해 한가운데 독도가 있다. 독도는 조그마한 암초 섬에 불과하지만, 한국인에게는 백두산 다음으로 상징적인 곳이다. 그리고 독도는 일본이 호시탐탐 역사 왜곡을 하면서 자신의 영토라고 억지를 부리는 곳이기도 하다.

그렇다면 우리는 어떻게 해야 할까? 다소 늦은 감이 없지 않으나 동해라는 명칭 대신 한국해

Sea Of Korea를 국제적 공식 명칭으로 제안해서 일본해Sea Of Japan와 병기하는 것이 좋은 전략이라고 생각한다. 깔끔하게 한국해로 가자.

'남해'는 '이순신해'로

남해Southern Sea 역시 한국 입장에서 봤을 때 남쪽 바다일 뿐이다. 이 참에 남해라는 명칭은 '이순신해'로 깔끔하게 갔으면 한다.

남해에는 목포에서 부산까지 이순신 장군이 일본 함정을 상대로 승리하지 않은 곳이 없다. 일본 해군 역시 비록 적장이었지만 역사상 최고의 해군 제독으로 이순신 장군을 존경한다고 하지 않는가? 한국과 일본에서 동시에 존경받는 위대한 영웅 이순신의 숨결이 묻어 있는 곳 남해는 '이순신해'로 부르는 것이 한일 우호 증진 차원에서도 타당하다.

굴욕외교 윤석열을 비판한다

윤석열이 다케시마의 날을 기념한다는 일본에 항의한다고 해서 일본의 독도 침탈 야욕을 멈추게 할 수는 없다. 그렇지만 적어도 한국의 대통령이라면 독도를 다케시마라 부르면서 초등학생 교과서부터 자신의 영토라고 억지 주장을 하는 일본과는 동해에서 어떠한 합동 군사훈련을 해서는 안 된다. 더군다나 미국의 방침대로 한다면 일본해 한 가운데 들어있는 독도 부근에서 한미일 군사훈련을 한다는 것이니, 이는 아직도 대륙진출을 꿈꾸고 있는 일본 극우에게 길을 열어주는 일이다. 적어도 독도 인근에서 한미일 군사훈련을 하겠다고 한다면, 미국에게는 동해 또는 최소한 한국해와 일본해를 병기하는 것을 조건으로, 일본에 대해서는 독도를 일본 땅이라고 주장하는 거짓된 교과서 내용을 삭제한 이후에나 가능하다고 해야 할 것이다. 북한보다 더 위험한 것이 일본 제국주의 부활을 꿈꾸는 자들이다.

독도를 자기네 땅이라고 우기는 일본에 대해 한마디 항의도 안 하고, 8·15 경축사에서 일본의 반성을 요구하기는커녕 동맹국이라고 추켜세우는 윤석열. 동해가 일본해라면서 한국인의 자존심에 심각한 상처를 낸 바이든 미국 정부에 대해 제대로 된 항의 한번 못하는 대통령은 우리의 대통령이 아니다. 윤석열은 미국의 하수인이며, 일본의 총리이다.

고로, 윤석열을 탄핵해야 한다.

한국이 전쟁 중이라고 홍보하는 윤석열

휴전 중인 대한민국

민주당의 김대중, 노무현, 문재인 대통령은 언제나 대한민국이 그 어느 때보다 북한과 적대적이지 않고 평화로운 시기라고 국제사회에 홍보해왔다. 홍보만 하는 것이 아니라 남북 정상회담을 개최하고, 북미 간의 불안정한 휴전상태를 명문화한 정전협정을 종전협정으로 그리고 더 나아가 평화협정을 체결하기 위한 각종 정책을 추진해왔다.

1953년 7월 27일 전쟁을 멈출 수 없다는 이승만 정부를 배제한 체 북한군, 중국군, 미국군이 휴전협정에 서명하면서 휴전이 이루어졌지만, 지금도 전쟁이 완전히 종식되었다고 볼 수 없다.

휴전협정이 이루어지면서 휴전선을 기준으로 남북으로 각각 2km씩 비무장지대를 설치하고 그 지역에는 무기, 군사 시설을 두지 않기로 했지만, 그곳에서는 수많은 정전협정 위반 사례들이 남과 북에서 있었다.

비무장지대뿐만 아니라 NLL 인근 수역에서도 남과 북은 크고 작은 국지전을 치르기도 했다. 그중에서도 1999년 6월 15일의 제1연평해전과 2002년 6월 29일에 있은 제2연평해전은 국민에게 여전히 한국이 전쟁 중이라는 사실을 각인시켰다.

두 차례에 걸친 연평해전으로 인하여 NLL에 대한 관심이 급증했으며 한국이 언제든지 전면적인 전쟁 상태로 들어갈 수 있다는 사실을 보여줬다.

대한민국이 언제든지 전쟁이 날 수 있다고 국제사회가 동의하게 된다면 한국에 신규 투자를 하지 않게 되는 것은 물론, 한국에 들어와 있는 외국 자본도 빠져나가게 된다. 그래서 민주당 정부는 해외 투자를 유치하기 위한 노력을 게을리하지 않았다. 민주당 정부뿐만 아니라 노태우, 김영삼 정부는 물론 이명박, 박근혜 정부에서도 미흡하나마 평화 정착을 위한 노력을 해왔다.

실제로 최근 미국은 반도체 시장을 석권하고 있는 삼성, SK 반도체 공장이 언제든지 전쟁이 날 수 있는 한국에 있다는 것은 세계적으로 위험한 일이라며, 전시에도 안전한 미국으로 공장을 이전해야 한다고 주장하고 있다. 미국은 미국 본토에 반도체 공장을 유치할 속셈으로 한국이 지정학적으로 매우 위험하다고 공공연하게 얘기하고 있다.

미국은 한국이 북한의 핵 위협 및 재래식 무기를 통해서라도 전쟁이 날 수 있는 지역이라면서 멀쩡한 삼성, SK 반도체 공장을 훔쳐 가려 하고 있는데, 윤석열은 한국이 매우 안전한 국가라고 알려도 모자랄 판에 한국이 북한의 위협으로부터 언제든지 전쟁이 날 수 있다면서, 전쟁이 나게 된다면 북한을 전멸시키겠다고 호언장담하고 있다.

천안함 사건을 홍보하는 윤석열

2023년 6월 1일 윤석열은 시민들에게 전면 개방한 청와대를 방문해서 1시간가량 경내와 성곽길을 둘러봤다. 윤석열은 천안함의 정식 명칭인 'PCC-772' 문구가 적힌 티셔츠와 모자를 착용하고 청와대를 찾았다. 대통령실은 "호국보훈의 달인 6월의 첫날인 만큼 '대한민국을 지켜낸 당신의 희생을 기억하겠다'는 대통령의 다짐을 다시 한번 전하는 계기"라고 설명했다.

호국보훈의 달 이벤트라는 말인데, 이벤트를 하려면 승전을 한 연평해전에서 희생된 분들을 추모하는 게 정상이지, 경계에 실패해서 전몰한 치욕적인 사건을 추모하는 건 정상이 아니다. 더군다나 천안함 사건에 북한이 연계되어 있다는 것은 사실이 아니라 한국 정부의 일방적인 주장일 뿐이다. 윤석열이 천안함 모자와 티셔츠를 착용한 것은 보수 세력의 결집을 위한 것이었겠지만, 결과적으로 본다면 전 세계에 한국이 여전히 전쟁 중이라고 홍보한 꼴이다.

윤석열은 정치선언 발표 전날인 2021년 6월 28일에도 천안함 모자를 쓰고 반포한강공원을 산책한 적이 있다. 윤석열의 천안함 홍보는 여기에 그치지 않았다. 2023년 6월 20일에는 부산 엑스포 유치에 있어 매우 중요한 행사인 국제박람회기구BIE 총회에 참석차 프랑스를 방

파리 몽소공원을 산책 중인 윤석열

문 중이었던 윤석열이 파리에 몽소공원을 산책했다. 이때도 윤석열은
산책 중 착용한 모자의 정면에는 천안함 함정 그림이, 왼편에는 태극
기가 그려져 있다. 티셔츠 왼편에는 'PCC-772'라는 천안함의 정식 함
명이 적혀 있었다.

부산에 2030 엑스포를 유치하겠다며 프랑스에 갔음에도 불구하고,
뜬금없이 윤석열은 몽소공원을 산책하면서 대한민국이 북한의 위협
때문에 매우 위험한 나라라고 홍보하는 어처구니없는 짓을 한 것이다.
정상적인 대통령이라면 한국이 매우 안전한 나라이므로 엑스포 유치
에 북한은 변수가 되지 않는다고 홍보해야 하는데, 윤석열은 도리어
한국이 전쟁 중인 국가라며 이를 홍보하고 있다. 윤석열의 천안함 홍

보가 결국 부산이 엑스포 유치에 실패의 한 요인이 되었다고 필자는 생각한다.

윤석열의 천안함 홍보가 여기서 그쳤을 리가 없다. 왜 그런지 몰라도 윤석열은 천안함 모자와 티셔츠를 매우 좋아한다. 2023년 7월 11일에도 북대서양기구NATO 정상회의 참석차 리투아니아를 방문했던 윤석열은 빌뉴스에 있는 숙소 주변에서 천안함 모자를 쓰고 나타났다.

여름휴가를 떠난 윤석열은 2023년 8월 3일 오전 경남 진해 군항을 둘러보며 장병들을 격려했다고 했는데 이때도 천안함 티셔츠와 모자를 착용했다. 해군을 격려하기 위한 자리에 굳이 패전의 아픔이 담긴 천안함 아이템을 들고 나타난 것이다. 참으로 어이없는 일이 아닐 수 없다.

도가 넘은 윤석열의 천안함 집착

윤석열의 천안함 아이템 사랑의 절정은 윤석열과 김건희가 2023년 8월 26일 용산어린이정원 내 분수정원에서 열린 다둥이가족 초청행사에 나란히 천안함 티셔츠를 입고 나타난 것이다. 그리고 이틀 뒤인 28일엔 대통령실에서 천안함 전사자를 기리기 위해 자체 제작된 천안함 티셔츠를 일부 비서관과 경호처에 배포했다. 이렇게 제작된 천안함 티셔츠는 대통령실 내부 행사 등에서 단체복으로 활용할 것이라고 했다.

이렇게 집요하도록 천안함 티셔츠와 모자에 집착하는 이유를 모르

2023년 8월 26일 용산어린이정원

겠다. 윤석열은 천안함을 홍보하면 할수록 국제적으로 볼 때 대한민국
은 여전히 전쟁 중인 위험한 국가라고 홍보하고 있다는 것을 알려나
모르겠다.

윤석열의 천안함 홍보가 대한민국을 위태롭게 만들고 있다. 천안함
홍보를 통해 대한민국의 안보 위기를 홍보하고 있는 윤석열은 대한민
국의 1호 영업사원이 아니라, 1호 훼방꾼이다.

이런 대통령은 대한민국의 안보를 위해서라도 탄핵해야 한다.

다시 봉오동 전투

육군사관학교 독립 영웅 흉상 철거

서울시 노원구에 있는 육군사관학교 충무관 앞에는 홍범도, 김좌진, 지청천, 이범석 장군과 독립군 양성기관인 신흥무관학교를 세운 이회영 선생 등 다섯 분의 흉상이 설치되어 있다. 특히 이회영 선생의 흉상은 우리 군 장병이 훈련할 때 사용한 실탄의 탄피 300kg을 녹여 제작되었으며, 2018년 3월 1일 삼일절을 맞아 공개되었다.

흉상 상단에는 '압록강 행진곡' 가사가, 하단에는 '3·1운동 및 대한민국임시정부 수립 99주년을 맞이해 후배 장병들이 사용했던 탄피를 녹여 흉상을 세우다'라는 문구가 기록돼 있다.

하지만 정권이 바뀌자 육군사관학교는 홍범도 장군을 비롯하여 독립 영웅 5인의 흉상을 모두 철거 이전하기로 했다고 2023년 8월 31일 발표했다.

국방부와 육사는 특히 홍범도 장군의 공산당 이력을 문제 삼았으며,

육군사관학교 교정에 있는 독립영웅 5인의 흉상

한덕수 국무총리는 2016년 박근혜 정부에서 명명했던 홍범도함의 함
명도 변경해야 한다는 취지의 발언을 하기도 했다.

육군사관학교의 뿌리는 어디인가?

문재인 대통령은 2019년 2월 27일 육군사관학교 75기 졸업식 및
임관식에 친서를 보내서 "육군사관학교의 역사적 뿌리도 100여 년 전
'신흥무관학교'에 이른다."고 언급했다.

문재인 대통령은 육군사관학교의 뿌리가 독립군을 양성하기 위하여
이회영 선생께서 세운 '신흥무관학교'임을 분명히 한 것이다.

신흥무관학교는 1919년 서간도에 설립된 독립군 양성학교이다. 초
대 교장은 이동녕이었으며, 개교에 필요한 자금을 마련한 분이 우당友
堂 이회영李會榮 선생이다. 이회영 집안의 여섯 형제는 1910년 12월 가

족과 노비 40여 명이 함께 만주로 망명했으며, 여섯 형제가 전 재산을 팔아 독립운동 자금으로 운용했다. 신흥무관학교도 바로 이 자금으로 시작한 것이다. 그런 연유로 이회영 선생의 흉상이 육군사관학교에 세워진 것이다.

육군사관학교에는 이회영 선생 외에 청산리 전투의 영웅 김좌진 장군과 임시정부 광복군 총사령관인 지청천 장군, 신흥무관학교 출신의 광복군 참모장이자 초대 국무총리를 지낸 이범석 장군과 봉오동 전투의 영웅 홍범도 장군의 흉상이 세워져 있다.

문재인 대통령이 독립 영웅들의 흉상을 육군사관학교에 세운 이유는 그동안 육군사관학교는 외세로부터 나라를 지키기보다는 권력 찬탈이나 권력을 지향하는 양성소라는 부정적 인식이 자리잡혀 있었기 때문이다. 1946년 육군사관학교 2기생인 박정희는 1961년 5·16 쿠데타를 일으켜 이 땅을 장기간 군사독재국가로 만들었으며, 함께 쿠데타에 가담한 고 김종필 전 국무총리는 육사 8기였다.

전두환과 노태우는 육사 11기 동기생으로 1979년 12·12 쿠데타로 자신의 육사 선배인 박정희의 뒤를 이어 권력을 찬탈하고 민주주의를 파괴했다.

박정희와 김종필의 경우 모두 일제 강점하 일본 육군사관학교 출신이다. 박정희는 만주군관학교 입대를 위해 충성 혈서를 제출해 입교했다는 기록까지 있다. 1939년 만주신문은 그가 멸사봉공의 자세로 견마지로의 충성을 다할 결심이라며 입학을 청원했다고 보도했다.

문재인 대통령은 일본군 또는 만주군 출신들로 가득 찬 역대 장성들로 인하여 대한민국 국군의 정통성이 크게 훼손되고 있다고 판단해 신흥무관학교처럼 나라를 지키기 위한 군대 양성소가 있었다는 것을 상기시키고 사관생도들의 자긍심을 높이기 위함이었다.

그런데 윤석열이 정권은 이들의 흉상을 철거하겠다며 홍범도 장군을 공산당으로 몰아세우고 있다.

홍범도 장군과 공산당 가입 이력

1868년생인 홍범도 장군은 대한독립군의 총사령관으로 독립군 본거지인 봉오동을 제압하기 위하여 들어온 일본군을 급습하여 독립군 최대의 승전을 기록하였다. 봉오동 전투는 1920년 6월 6일부터 7일까지 이틀 동안 이어졌다. 독립신문 제88호에 따르면 일본군의 피해는 전사자 147명, 중상자 200여 명, 경상자 100여 명이며, 독립군 피해는 전사자 장교 1명, 중상자 2인이라고 보도했다.

봉오동 전투에서 승리한 홍범도 장군은 1920년 10월 21일부터 26일까지 김좌진 장군이 지휘하는 북로군정서군과 연합하여 간도 지역인 길림성 화룡현 삼도구 청산리의 백운평, 천수평, 완로군 등지에서 일본군과 10여 차례의 전투에서 승리했다.

봉오동 전투와 청산리 전투에서 연이어 패배한 일본군은 전면적으로 독립군을 와해시키기 위한 토벌 공격을 시도했다. 이때 대부분의 독립군은 일부는 중국으로 일부는 러시아 지역으로 들어갔고, 홍범도 장군도 1921년 소련 영내인 연해주로 탈출했다.

1922년 홍범도는 모스크바에서 열린 코민테른이 주최한 극동민족대회에 참석했다. 모스크바에서 레닌은 트로츠키를 통해 홍범도를 따로 불러 독대한 이후 금화와 '홍범도'라는 이름에 새겨진 은제 마우저 C96 권총을 선물했다. 우리가 익히 많이 보아온 홍범도 장군의 사진에서 옆구리에 차고 있는 것이 바로 그 권총이다.

1927년 홍범도는 일제와의 무장투쟁을 위하여 소련 공산당에 가입했는데 직업을 의병이라 하고, 가입 목적을 고려독립이라고 했다. 하지만 홍범도는 그의 바람과는 달리 다시는 전선에 서지 못했다. 그는 연해주 지역에서 농사를 지으면서 콤비나트kombinat ; 집단농장와 콜호즈 kolkhoz ; 농업생산협동조합의 관리자로 살았다.

지금 윤석열 정부가 홍범도의 공산당 가입 이력을 문제 삼는 것은 이해할 수 없다. 당시 독립군들의 상당수가 조선의 독립을 지지하고, 연대하는 공산당에 매우 우호적일 수밖에 없었다. 2차대전 속에서 소련은 미국과 한편이 되어서 독일 제국주의와 일본 제국주의에 맞서 싸웠다. 홍범도 장군이 소련 공산당에 가입한 시기는 냉전 이전의 시대로 이후 스탈린의 공산당과는 구별되어야 한다. 그럼에도 불구하고 윤석열 정부의 국방부와 육사는 1920년대에 소련 공산당에 입당한 전력을 갖고 홍범도 장군을 빨갱이로 몰고 있다.

홍범도 장군과 카자흐스탄

홍범도 장군은 연해주에서 일제의 식민 지배를 피해 국경을 넘어오거나, 청산리 전투 이후 홍범도 장군과 함께 연해주에 온 독립군, 일제시대 이전부터 연해주에 자리 잡은 고려인들의 지도자로 활동했다.

하지만 스탈린의 소수민족 강제 이주 정책에 따라 소련 영토였던 현재의 중앙아시아의 카자흐스탄으로 강제로 이주당했다.

전선에 다시 설 수 없었던 홍범도 장군은 크즐오르다의 조선극장 수위장으로 말년을 쓸쓸하게 살았지만, 카자흐스탄에서도 홍범도 장군은 고려인의 영웅이었으며, 정신적 지주이자 고려인의 자부심이었다.

홍범도 장군은 평생을 조국의 독립을 꿈꿔왔지만, 조국의 해방을 보지 못하고 1943년 10월 25일 카자흐스탄에서 76세의 일기로 안타깝게 돌아가셨다.

홍범도 장군에 대한 평가

적어도 윤석열 정권이 들어서기 전까지만 해도 홍범도 장군은 남과 북 모두에서 독립운동의 영웅으로 자리매김했다.

북한에서는 홍범도 장군이 평양에서 가난한 머슴의 아들로 태어나 포수 생활을 하다가 구한말부터 의병활동을 한 것은 물론, 소련 공산당에 입당한 전력을 높이 평가해서 민족주의자에서 공산주의자로 발전한 모범사례로 보고 있다.

한국에서는 박정희 집권 2년 차인 1962년, 홍범도 장군에게 건국훈장 대통령장이 추서되었으며, 전두환 정권 시절인 1984년 11월엔 크즐오르다 묘역에 장군의 반신 동상이 세워졌고, 노태우 정권 시절인 1989년 5월 26일엔 크즐오르다에 '홍범도 거리'가 명명되어 이국에 묻힌 독립투사의 한을 위로했다.

박근혜 정부 때인 2016년 3월에는 7번째 214급 해군 잠수함 1,800t급의 이름을 '홍범도함'이라고 명명했다. 당시 해군은 "대한독립군 총사령관으로 무장 독립운동을 펼친 홍범도 장군의 애국충정을 기리고, 국민 안보의식을 고취하기 위해"라고 밝혔다.

해방 이후 홍범도 장군의 유해를 고국에 모셔 오기 위한 남과 북의 치열한 로비가 있었다. 홍범도 장군의 고향이 평양이라는 것을 들어서 북한이 가장 적극적이었다. 하지만 카자흐스탄 정부는 크즐오르다 주민의 섭섭함과 한국 정부와의 관계를 고려해서 거부했다.

홍범도 장군 대한민국의 품으로 돌아오다

홍범도 장군의 유해를 고국으로 모셔 오기 위한 남과 북의 경쟁은 한국의 승리로 끝났다. 2021년 8월 15일 광복절을 맞아 카자흐스탄 크즐오르다에 안장돼 있던 홍범도 장군에 유해가 한국에 돌아왔다.

문재인 대통령은 유해 봉환을 위해 8월 14일 황기철 국가보훈처장을 특사로 하는 특사단을 카자흐스탄에 파견했다. 특사단에는 여천 홍범도장군기념사업회 이사장인 우원식 더불어민주당 의원과 국민대표 자격으로 배우 조진웅 씨가 참여했다.

2021년 8월15일 홍범도 장군의 유해가 실린 특별수송기가 대한민국 영내로 진입하자 공군 전투기 6대가 엄호 비행을 하고 있다. 국가보훈부

서거 78년 만에 돌아오는 홍범도 장군의 유해가 고국으로 돌아오는 날 대한민국은 최고의 예우로 맞이했다.

장군의 유해는 태극기로 관포돼 특별수송기에 실려 수천km를 비행해서 방공식별구역KADIZ 진입 뒤 공군 전투기 6대의 엄호를 받으며 착륙했다. 방공식별구역을 통과하는 순간 호위에 나선 편대장은 호위를 시작하며 이렇게 말했다.

"조국의 독립을 위해 평생을 헌신하신 홍범도 장군님의 귀환으로 모시게 되어 영광입니다. 지금부터 대한민국 공군이 안전하게 호위하겠습니다. 필승!"

이 장면은 생방송으로 송출되었는데 대한민국을 숙연하게 만들었다. 특히 호위에 나서 전투기 6대는 대한민국 공군이 운영하는 전투기종 F-15K, F-4E, F-35A, F-5F, KF-16D, FA-50를 모두 투입한 것이다.

홍범도 장군의 유해는 15일 도착해서 16일과 17일 국민 추모기간을 거쳐 18일 국립대전현충원 독립유공자 제3묘역에 안장되었다.

문재인 대통령은 민족정기 선양, 국민 애국심 고취, 고려인의 민족 정체성 함양, 한국과 카자흐스탄 간 우호 증진에 기여한 공적을 인정해 홍범도 장군에게 건국훈장 대한민국장을 수여했다.

윤석열 정부의 독립운동 지우기

홍범도 장군에 대한 예우는 진보정권뿐만 아니라 보수 정부에서도 일관되었다. 항일 무장 독립 투쟁사에서 홍범도 장군의 위상은 의심할 여지 없이 확고했다. 그런데 윤석열 정부는 2023년 8월 31일 느닷없이 홍범도 장군의 흉상을 포함하여 다섯 분의 독립 영웅 흉상을 철거하겠다고 발표했다.

홍범도 장군은 소련 공산당에 입당한 전력을 문제 삼았으며, 다른 분들은 육사 내 다른 곳으로 옮기겠다고 했다. 많은 국민은 홍범도 장군의 흉상을 철거하는 것에 반대할뿐더러 홍범도 장군에게 공산당 빨갱이 프레임을 씌우는 것에 분노하고 있다. 과거 2차대전이 끝날 때까지 소련은 미국과 더불어 2차대전 전범국인 독일은 물론 일본과도 적대적이었다. 소련과 미국은 한편이었다. 일본 패망 이전의 공산당 가입 이력을 문제 삼아서 홍범도 장군의 위상을 흔들겠다는 것이다. 그렇다면 해방 이후 남로당 출신으로 이승만 정권 시절 사형 선고까지 받았던 박정희도 공산당 가입 이력을 문제 삼아서 동작동 국립묘지에서 파묘해야 옳지 않은가?

공산당 가입 이력이 있는 홍범도 장군은 평생을 조국의 독립을 위해 헌신하였고, 박정희는 사상전향을 해서 독재자 대통령이 되었다. 윤석열은 홍범도 장군의 공산당 가입 이력을 문제 삼기 이전에 박정희의 남로당 가입 이력을 먼저 지적해야 할 것이다.

여기에 더해 대한민국 해군은 보수정권 대통령 박근혜가 명명한 '홍범도함'의 함명까지 변경을 고려하고 있다고 발표했다. 국민의힘 소속 대전시장 이장우는 2021년 9월 9월 16일 현충원역과 국립대전현충원 사이 2km 구간의 '홍범도 장군로'의 이름을 변경하겠다고 발표했다. 이장우 대전시장은 최근 시청에서 열린 정례 브리핑에서 "홍범도 장군에 대한 인생 궤적 추적을 다시 확실하게 해야 한다"며 "공功보다 과過가 많다면, '홍범도 장군로'도 폐지할 수 있다"고 밝혔다. 홍범도 장군의 과가 많다는 얘기도 가당치 않을뿐더러 홍범도 장군의 과가 있다는 얘기도 필자는 처음 들어본다.

홍범도 장군을 이렇게 능멸할 거면 대한민국은 왜 장군의 유해를 모셔 왔는가? 장군의 유해가 고국으로 돌아갈 때 안타깝게 바라보던 카자흐스탄 고려인의 이별 눈물을 기억한다.

최근 이동순 시인은 〈홍범도 장군의 절규〉라는 시를 발표했다. 그 전문을 소개하면 다음과 같다.

그토록 오매불망
나 돌아가리라 했건만

막상 와본 한국은
내가 그리던 조국이 아니었네

그래도 마음 붙이고
내 고향 땅이라 여겼건만
날마다 나를 비웃고 욕하는 곳
이곳은 아닐세 전혀 아닐세

왜 나를 친일매국노 밑에 묻었는가
그놈은 내 무덤 위에서
종일 나를 비웃고 손가락질 하네
어찌 국립묘지에 그린 놈들이 있는가

그래도 그냥 마음 붙이고
하루 하루 견디며 지내려 했건만
오늘은 뜬금없이 내 동상을
둘러파서 옮긴다고 저토록 요란일세

야 이놈들아
내가 언제 내 동상 세워달라 했었나
왜 너희들 마음대로 세워놓고
또 그걸 철거한다고 이 난리인가

내가 오지 말았어야 할 곳을 왔네
나, 지금 당장 보내주게

원래 묻혔던 곳으로 돌려보내주게
나, 어서 되돌아가고 싶네

그곳도 연해주에 머물다가
함부로 강제이주 되어 끌려와 살던
남의 나라 낯선 땅이지만
나, 거기로 돌아가려네

이런 수모와 멸시 당하면서
나, 더 이상 여기 있고싶지 않네
그토록 그리던 내 조국강토가
언제부터 이토록 왜놈의 땅이 되었나

해방조국은 허울 뿐
어딜 가나 왜놈들로 넘쳐나네
언제나 일본의 비위를 맞추는 나라
나, 더 이상 견딜 수 없네

내 동상을 창고에 가두지 말고
내 뼈를 다시 중앙아시아
카자흐스탄 크즐오르다로 보내주게
나 기다리는 고려인들께 가려네

이동순 〈홍범도 장군의 절규〉 전문

최근 들어 윤석열 정부는 대한민국의 건국을 이승만이 했다는 듯한 발언을 심심치 않게 하고 있다. 이들이 1948년 8월 15일 대한민국 정부수립일을 두고 대한민국 건국일로 주장하는 것은 이승만 정권뿐만 아니라 박정희 전두환 등 대한민국의 메인스트림을 해방 이후 친일파들이 장악하고 있기 때문이다. 이들은 1910년부터 1945년까지 한반도에 대한민국이 없었으므로 독립운동을 안 한 것은 물론 일제에 협력한 것도 충분히 있을 수 있는 일쯤으로 생각한다. 또한 그 친일파들은 이승만의 건국에 참여해서 대한민국이 시작하는 데 큰 역할을 했다고 주장하고 있다. 이 모두가 이승만이 친일파를 척결하지 않고 그들을 중용한 결과이다.

국방부와 육사는 독립 영웅의 흉상을 철거하고 그 자리에 만주군 출신 백선엽 대장의 동상을 세우려 하고 있다. 백선엽의 친일 전력은 한국전쟁 영웅이라는 이름으로 덧칠되는 중이다.

윤석열 정권의 홍범도 장군 지우기는 결코 성공할 수 없을 것이다. 위대한 한 독립운동가에게 빨갱이 누명을 씌우고 있는 윤석열을 탄핵해야 한다.

역대 이런 친일 대통령은 없었다

2023년 윤석열의 삼일절 기념사

해방 이후 한국의 대통령은 삼일절과 광복절에는 일본에 대하여 과거에 대한 통렬한 반성을 요구해왔다. 일본의 진솔한 사과가 없는 한 일본과 우리는 늘 가깝고도 먼 나라가 될 수밖에 없다.

하지만 2023년 윤석열은 역대 대통령과는 사뭇 달랐다. 윤석열은 국민 대다수의 뜻과는 반대로 선제적으로 일본을 용서했다. 더 나아가 일본과 경제 안보 분야에서 동반자 관계로 정의했다.

취임 첫해인 2022년 광복절 경축사에서 윤석열은 일본에 대하여 하나 마나 한 메시지를 내더니 2023년 삼일절에는 성의도 없고, 내용도 빈약한 대국민 메시지를 냈다. 우선 5분 30초에 이르는 짧은 원고 분량은 역대 대통령의 원고 분량에 5분의 1에 불과한 1,022자로 200자 원고지 5장이 조금 넘는 분량이다. 분량이 짧다고 무조건 탓할 문제는 아니지만, 내용의 빈약함은 매우 심각했다.

"104년 전 3.1 만세운동은 기미독립선언서와 임시정부 헌장에서 보는 바와 같이 국민이 주인인 나라, 자유로운 민주국가를 세우기 위한 독립운동이었습니다"라는 대목이 삼일운동에 관한 평가라고 할 수 있는데, 삼일절 기념사에 반드시 들어가야 할 삼일운동에 대한 평가에 있어서 '독립운동'을 '만세운동'으로 깎아내렸다. 또 가장 핵심인 '누구로부터 독립'인가는 쏙 빼놓고 "국민이 주인인 나라, 자유로운 민주국가를 세우기 위한 독립운동"이라고 추상화하고 있다. 일본의 책임을 애써 묻지 않고 있다고 봐야 한다. 그래서 그런지 윤석열은 삼일절 기념사에서 일본의 반성하지 않는 태도를 지적하거나 겨냥한 대목이 단 한 곳도 없었다.

이날 윤석열이 기념사를 통해 던지고 싶었던 핵심적이 메시지는 다음과 같은 것이었다.

"3.1운동 이후 한 세기가 지난 지금 일본은 과거의 군국주의 침략자에서 우리와 보편적 가치를 공유하고 안보와 경제, 그리고 글로벌 어젠다에서 협력하는 협력 파트너로 변했습니다. 특히, 복합 위기와 심각한 북핵 위협 등 안보 위기를 극복하기 위한 한미일 간의 협력이 그 어느 때보다 중요해졌습니다."

일본은 여전히 '일본군위안부' 존재 자체를 부인하고 '강제 동원 노동자' 문제는 1965년 한일청구권협정으로 끝났으므로 한국의 대법원 판결은 '국제법 위반'이라고 주장하고 있는데도 불구하고, 윤석열이 좋아하는 단어인 선제적으로 '침략자'에서 '협력 파트너'로 세탁해주었다.

기시다가 들었으면 얼마나 좋아했겠느냐는 생각이 절로 들었다. 윤석열의 삼일절 기념사를 보면 머지않아 '강제 동원 노동' 문제에 대해서 윤석열 정부의 엉터리 해법이 나올 것으로 우려되었다.

윤석열식 강제징용 해법

우려는 며칠도 지나지 않아서 현실이 되었다.

윤석열 정부는 2023년 3월 7일 인제 강제징용 피해 배상금을 일본 기업이 아닌 우리 정부 산하 재단이 부담하겠다고 발표했다.

이 발표에 필자는 눈과 귀를 의심했지만, 지난 3월 1일 삼일절 기념사에서 일본을 '글로벌 어젠다에서 협력하는 협력 파트너'로 규정한 것을 상기하면 놀랄 일이 아니었다. 오히려 올 것이 온 것이다.

윤석열이 내놓은 강제징용 피해 배상금 해법은 대한민국 국민이라면 받아들일 수 없는 대책이다.

일본은 그동안 1965년 체결된 한일청구권협정으로 강제징용 피해에 대해 개인에게 배상할 의무가 없다고 주장해 왔으나 대한민국 대법원은 2018년 10월 30일, 이 협정은 정치적인 해석이며 개인의 청구권에 적용될 수 없다고 최종 판단했다.

대법원은 일제 강점기 당시 신일본제철현 일본제철에 강제로 끌려가 노역하고 임금을 받지 못한 원고 4명이 신일본제철을 상대로 낸 손해배상 청구에 대해 일본 기업이 일제 강제징용 피해자들에게 1인당 1

억 원씩의 위자료를 배상해야 한다고 판결했다.

이는 일본에서 1997년 첫 소송이 시작된 지 21년 만이고, 국내에서는 2005년 2월 소송을 낸 지 13년 8개월 만의 판결이다. 판결이 나온 시점을 기준으로 원고 4명 중 3명은 사망했다.

그런데 윤석열 정부는 대법원의 판결을 무시하고 대한민국 정부 산하에 재단을 만들고 대한민국 기업이 기금을 마련해서 강제징용 피해자들에게 배상하겠다는 것이다. 그렇지만 이것은 해법이라 할 수 없는 방법이다. 도대체 무엇이 문제인지 따져보도록 하겠다.

윤석열 정부는 대한민국 헌법상 3대 권력의 하나인 대법원의 판결을 무시한 것이다. 대법원은 일본 기업에 대하여 강제징용 피해자들에게 1억 원을 배상*하라고 판결했다. 그런데 윤석열 정부는 일본 기업 대신 제3자가 손해를 물어주는 행위인 대상*을 선택했다.

대법원의 판결을 행정부인 윤석열 대통령은 따라야 할 의무가 있다. 그러나 윤석열 정부는 판결과는 전혀 다른 견해를 내놓았다.

박진 외교부 장관은 그 이유에 대해 2018년 대법원 판결 이후 벌어진 '일본의 수출 규제 발표', '한일 군사정보보호협정GSOMIA 종료를 통보', '코로나19 발생 이후 인적교류 단절' 등을 꼽았다.

박 장관의 발표대로라면 한국 정부가 일본의 압박에 못 이겨 대법원 판결을 뒤집었다는 고백이라고 할 수 있다. 이는 삼권분립을 위반한

* 배상賠償 : 나의 권리를 침해한 사람이 그 손해를 물어주는 일
* 대상代償 : 남을 대신하여 갚아줌

위헌이자 행정부의 쿠데타와 같다.

박 장관의 변명도 구차하기 짝이 없다. 대법원의 판결 이후 일본이 반도체 관련 수출 규제를 하고 있지만, 수출 규제로 인해 손해 보는 기업은 일본 기업이지 한국 기업이 아니었다. 오히려 한국의 소부장 관련 산업이 경쟁력을 갖춰가고 있었으며, 이에 불안을 느낀 일본의 소부장 기업이 한국에 공장을 세우려는 등 변화를 보였다. 지소미아 종료 역시 한국으로서는 아쉬울 게 없는 결정이었다. 코로나19 발생 이후 인적 교류가 줄어든 것은 일본 정부의 안일한 코로나 대응이 한몫한 것이다.

박진 장관은 질의 답변 시간에 "일본으로부터 새로운 사죄를 받는 것이 능사는 아니다"라며 "피해자 한 분 한 분을 직접 뵙고 이해를 구하는 노력을 지속해 나가겠다"고 밝혔다.

대법원 판결을 받아낸 징용 피해자인 양금덕 할머니는 "동냥해서 (주는 것처럼 하는 배상금은) 안 받겠다."고 밝혔다.

강제징용 피해자들과 대한민국 국민들이 원하는 것은 돈이 아니다. 진심 어린 사죄와 정당하고 합법적인 배상이다.

2023년 광복절 경축사

윤석열의 2023년 8월 15일 경축사는 경악을 금치 못하게 하였다. 윤석열은 광복절 경축사에서 "한일 양국은 안보와 경제의 협력 파트너로서 미래지향적으로 협력하고 교류해 나가면서 세계의 평화와 번

영에 함께 기여할 수 있을 것"이라며 "일본은 이제 우리와 보편적 가치를 공유하고 공동의 이익을 추구하는 파트너"라고 말했다.

또한 윤석열은 "북한의 핵과 미사일 위협을 원천적으로 차단하기 위해서는 한미일 3국 간에 긴밀한 정찰자산 협력과 북한 핵미사일 정보의 실시간 공유가 이뤄져야 한다"면서 "일본이 유엔사령부에 제공하는 7곳 후방 기지의 역할은 북한의 남침을 차단하는 최대 억제 요인"이라고 말했다.

역대 정부에서는 늘 광복절 경축사에서 일본의 식민지 지배에 대한 반성을 촉구했으나, 윤석열의 경축사에서는 이에 대한 언급은 전혀 없이 일본과 함께 북한의 위협에 맞서겠다고 하고 있다. 6.25 전쟁 기념사에서도 나오기 힘든 발언이었다.

윤석열은 여기에 그치지 않고 독립운동에 대해서는 "국민이 주인인 나라, 자유와 인권, 법치가 존중되는 자유민주주의 국가를 만들기 위한 건국 운동"이라고 발언했다. 이는 명백한 헌법 위반 발언이다. 대한민국 헌법은 대한민국의 시작을 3.1운동 이후 상해에 만들어진 '대한민국 상해임시정부'임을 분명히 밝히고 있는데도 불구하고, 독립운동을 건국운동이라고 말하고 있다. 이는 대한민국이 1948년 8월 15일 이승만 세력에 의해 건국되었다는 것이다. 또한 독립운동을 자유민주주의 국가를 만들기 위한 것이라고 했는데, 이는 공산주의나 사회주의 계열의 독립운동을 인정하지 않겠다는 뜻이다. 그 결과가 2023년 8월 31일 육군사관학교에서 홍범도 장군의 흉상을 철거하고, 그를 공산당 빨갱이로 몰아서 독립운동사에서 길이 빛나는 영웅적 투쟁을 폄훼하는 결과로 이어진 것으로 보인다.

또한 윤석열은 "공산 전체주의를 맹종하며 조작선동으로 여론을 왜곡하고 사회를 교란하는 반국가세력들이 여전히 활개 치고 있다"라며 "자유민주주의와 공산 전체주의가 대결하는 분단의 현실에서 반국가 세력들의 준동은 쉽게 사라지지 않을 것"이라고 말했다.

여기에 그치지 않고 윤석열은 "전체주의 세력은 자유사회가 보장하는 법적 권리를 충분히 활용하여 자유사회를 교란시키고, 공격해왔다. 이것이 전체주의 세력의 생존 방식"이라며 "공산 전체주의 세력은 늘 민주주의 운동가, 인권 운동가, 진보주의 행동가로 위장하고 허위 선동과 야비하고 패륜적인 공작을 일삼아 왔다. 결코 이러한 공산 전체주의 세력, 그 맹종 세력, 추종 세력들에게 속거나 굴복해서는 안 된다"고 말했다.

마치 반공 웅변대회를 방불케 하는 발언이었다. 광복절에는 보통 광복과 함께 맞이하게 된 분단으로 인해 우리 민족이 짊어져야 할 숙명에 대해 얘기하고, 통일국가를 완성하기 위한 대북한 메시지를 내게 마련인데, 북한의 위협에는 일본과 동지가 되어 맞서겠다 하고, 대한민국의 민주화 운동 세력을 공산주의를 신봉하는 전체주의 세력으로 단정했다. 도대체 지금 누가 공산주의를 신봉하는 전체주의자란 말인가? 취임 이후 야당 대표와는 대화도 안 하고, 어떻게든 감옥에 집어넣으려 조작 수사를 마다하지 않고, 국회에서 의결한 법률안에 대해서는 사사건건 거부권을 행사하고 있는 윤석열이야말로 전체주의의 수괴가 아닌가?

윤석열이 새삼스럽게 이념전쟁을 시작한 이유

윤석열이 연일 사전에도 없는 '공산 전체주의' 세력으로부터 자유민주주의 대한민국을 지켜야 한다며 이념전쟁을 선포한 이유는 무엇일까?

윤석열이 시작한 이념전쟁은 국민으로부터 지지를 받지 못하고 있다. 이념전쟁을 선포한 이후 각종 여론조사는 결코 윤석열 정부와 여당에 유리하지 않다는 것을 보여주고 있다. 그래서 홍범도 장군 흉상 철거와 공산주의자로 몰아세우기와 민주화 세력을 공산 전체주의 세력으로 몰아세우는 윤석열의 이념전쟁에 대해 여당인 국민의힘 국회의원들도 난감해하고 있다.

중도층도 이념논쟁에 반대하고 있어 2024년 총선에 결코 유리하지 않다고 판단하고 있다. 하지만 윤석열의 계산은 다른 것 같다. 오히려 총선에서 유리하다고 판단하고 있는 것 같다.

보통 대통령 선거는 70% 중반에 이르는 투표율을 보여서 중도층의 표심이 매우 중요하지만, 총선은 60% 초반이나 50% 중후반의 투표율을 보인다. 윤석열은 2024년 총선을 50% 중반대의 투표율에서 선거를 치르고 싶어 한다. 그래야만 자신의 낮은 지지율에도 불구하고 선거에 이길 수 있다고 생각하고 있는 듯하다.

윤석열은 각종 여론조사에서 35%의 콘크리트 지지층을 확보하고 있다. 윤석열에 대한 반대 여론은 60% 안팎인데, 자신을 지지하는 세대는 나이로는 60대 이상이 압도적이며 이들은 투표율이 매우 높다. 전체 투표율을 60% 이하로 떨어뜨린다면 35%의 지지율로도 총선을 승리할 수 있다는 계산이 나온다. 즉 자신을 지지하는 35%가 90% 정도 투표하면 30.5%인데, 60% 투표율을 감안하면 득표율은 오히려 50%를 넘어서 무난하게 과반 의석을 차지할 수 있다는 것이다.

그래서 내년 총선까지는 이념논쟁을 통해 국민의 여론을 분열시키고, 야당과의 정쟁을 통해 정치혐오를 부추겨서 50% 중반대의 낮은 투표율을 기록하게 만들 수만 있다면 압도적인 승리도 가능하다는 것이다. 총선에서의 압도적인 승리를 통해 윤석열 검사독재를 완성할 수 있다는 것이 윤석열의 계산이라고 생각한다.

대한민국 국민은 한 번도 일본의 침략에 대해 용서해 준 적이 없는데, 대통령의 권한을 남용해서 국민의 뜻과는 반대로 일본을 일방적으로 용서했다. 또한 철 지난 이념전쟁을 일으켜서 남남南南 갈등을 부추기고 정치혐오를 유발하고 있는 윤석열을 탄핵해야 한다.

전략적 모호성 외교와 공산 전체주의

전략적 모호성

우수한 외교 인재를 양성하기 위해 박정희 정부 시절인 1963년 세워진 국립외교원은 대한민국의 대표적 외교·안보 분야 싱크 탱크이자 정예 외교관 양성의 산실 역할을 해왔다. 윤석열은 2023년 9월 1일 개원 60주년을 맞이한 국립외교원을 방문해서 기념사를 했다.

이날 윤석열은 자신의 외교 정책의 방향을 제시했다. 이때도 윤석열은 눈에 띄는 발언들을 했는데 대한민국의 외교 안보가 심히 걱정되는 발언들이었다.

윤석열은 "외교 노선의 모호성은 가치와 철학의 부재를 뜻하고, 상대에게 예측 가능성을 주지 못하는 외교는 신뢰도, 국익도 결코 얻지 못할 것"이라고 말했다. 아울러 "국립외교원은 우리의 외교관들이 분명한 가치관·역사관·국가관에 기초해서 외교를 수행할 수 있도록 나침반 역할을 해야 한다"며 "대한민국 외교의 이념과 가치 지향점을 분명히 하고, 이에 입각한 연구와 교육을 수행해달라"고 당부했다.

문재인 정부가 미국과 중국 사이에서 이른바 '전략적 모호성'이라는 명분 아래 명확한 입장 표명을 유보했던 것에 대한 비판으로 보인다.

윤석열이 왜 러시아와 중국 외교에 있어서 일방적으로 일본이나 미국 편에 서 있는지 이유를 알 수 있는 대목이다. 윤석열은 우크라이나와 러시아 전쟁에 있어서 일방적으로 미국 편에 서 있다. 또한 우크라이나에 서방 국가를 통한 우회 지원 방식으로 살상용 포탄을 지원하고 있다. 이는 선과 악을 분명히 가르고 침략국인 러시아를 응징해야 한다는 윤석열의 평소 생각으로 보인다.

윤석열은 외교에 있어 전략적 모호성은 가치와 철학의 부재를 뜻한다고 했다. 하지만 전략적 모호성은 외교에 있어 가장 기본으로 윤석열이 형님 나라로 받들고 있는 일본과 미국도 으레 쓰는 방법이다. 그래야만 상대국이 확실한 답을 받아내기 위하여 더 많은 것을 양보하기 때문이다. 처음부터 전략적 모호성을 포기하고 솔직하게 얘기한다면 줄 것은 다 벗어주고 얻을 것은 쥐꼬리만 하다는 것을 윤석열의 외교에서 이미 잘 보여주고 있다.

러시아와의 적대국 선언

윤석열이 솔직하게 러시아와 중국과 같은 공산국가를 전체주의 국가라고 비난하고, 우크라이나 전쟁에서는 확실하게 미국 편을 들고 있다. 이에 따라 러시아 국민이 제일 좋아했던 한국이 교전국 비슷한 상황을 맞이하여 러시아에 진출해 있는 한국 기업들은 고전을 면치 못하고 있다.

현대자동차는 12월 19일 연 30만 대 이상을 생산할 수 있는 상트페테르부르크 공장 두 곳을 단 1만루블약 14만 원에 매각했다. 이 역시 노골적으로 우크라이나 편을 들고 러시아와 등진 결과이다.

윤석열은 2023년 7월 15일 폴란드 수도 바르샤바 방문 일정을 마치고 느닷없이 우크라이나 키이우 인근의 이르핀 민가 폭격 현장을 방문했다. 대한민국 대통령이 교전 당사국인 우크라이나 전쟁터를 직접 방문해서 러시아가 적대국임을 자처했다.

그뿐만 아니다. 우크라이나에 대한 포탄 우회 지원뿐만 아니라 23억 불을 지원하겠다는 발표는 자연스럽게 북한이 러시아에 포탄을 지원하고 러시아는 북한에 우주 발사체 기술을 지원하는 결과를 낳았다. 러시아는 그동안 한국과의 관계를 고려해서 북한에 최신 전투기 등 무기 수출을 안 했으며, 대륙간 탄도미사일 완성에 반드시 필요한 대기권 재진입 기술도 전수해주지 않았다. 하지만 윤석열의 피아를 확실하게 선 긋는 외교 정책으로 인해 러시아와 북한은 최근 30년 동안 가장 긴밀한 관계를 유지하게 되었다. 유엔의 대북 지원 제재에서 러시아가 실질적으로 일탈하는 결과가 되었다. 윤석열의 어설픈 외교 정책이 오히려 북한의 핵 능력 향상에 도우미 역할을 하고 있는 것이다.

2023년 9월 13일 김정은과 푸틴이 러시아 보스토치니 우주기지에서 정상회담을 했는데, 지각 대장 푸틴이 30분이나 일찍 와서 김정은

2023년 9월 13일 러시아 보스토치니 우주기지

을 기다렸다고 한다. 김정은과 푸틴을 만나게 한 자가 역설적이게도 윤석열이다. 이게 바로 윤석열의 가치외교의 결과이다.

하나의 중국에 대한 거부

중국과 대만의 관계에서도 윤석열은 일방적으로 대만 편을 들면서 중국과 거리를 두고 있다. 역대 정부가 중국과 대만 문제에 있어서는 일절 언급하지 않았던 것은 언급 자체가 중국의 '하나의 중국' 정책에 반대하는 인상을 줄 수 있기 때문이다. 대한민국 역대 정부는 중국의 '하나의 중국'을 지지하면서 대만과 중국 문제에는 직접 관여하지 않았다. 하지만 윤석열은 중국과 대만 문제에 있어서 자신이 어떤 판단을 하고 싶어 하는 것 같다. 그것은 중국의 반발을 불러왔으며 각종 무역 지표에서 고스란히 나타나고 있다. 역대 정부의 '모호성 외교'는 '실리외교'라는 외교의 기본을 지키고자 함이었다. 하지만 윤석열은 실리외교 대신 가치 외교라고 포장하는 이념 외교에 여념이 없다.

그 결과 중국과의 수교 이후 30년 동안 흑자를 내면서 우리 수출의 4분의 1가량을 차지하며 한국 경제의 한 축을 맡았던 대중 무역이 2023년 사상 처음으로 180억 달러 적자를 냈다.

사사건건 중국에 시비를 걸고 탈중국을 외쳤던 윤석열 외교의 참담한 성적표이다.

전체주의 신봉자는 윤석열 자신

이념 외교에 전념하고 있다는 것은 이날 국립외교원에서 있은 이어진 발언에서도 잘 드러나고 있다. 윤석열은 "지금 우리의 자유는 끊임없이 위협받고 있다"며 "아직도 공산 전체주의 세력과 기회주의적 추종 세력, 반국가세력은 반일 감정을 선동하고, 캠프 데이비드에서 도출된 한미일 협력 체계가 한국과 국민을 위험에 빠뜨릴 것처럼 호도하고 있다"고 말했다.

이 대목에서 가장 주목받는 단어는 '공산 전체주의'라는 말이다.

일단 '공산 전체주의'라는 단어는 존재하지 않는 단어이다. 전체주의라는 단어는 이탈리아어로 'totalitarianism'이다. 이는 이탈리아의 독재자였던 베니토 무솔리니가 이탈리아의 파시즘 국가를 지칭하기 위해 사용했다. 무솔리니는 전체주의의 뜻을 "국가 안에 모두가 있고,

국가 밖에는 아무도 존재하지 않으며, 국가에 반대하는 그 누구도 존재하지 않는 것"이라고 말했다.

1920년대 이탈리아는 공산국가와는 거리가 멀었다. 이탈리아는 오히려 자본주의를 표방한 제국주의 국가로 2차 세계대전의 전범국이다. 전체주의는 공산국가이든 자본주의 국가이던 독재국가에서 일반적으로 나타나는 현상이다. 한국에서도 박정희가 집권하던 시기를 전체주의 국가라고 볼 수 있다. 지금도 수많은 개발도상국의 독재자들이 전체주의 형태를 보이고 있다.

그런데 윤석열은 느닷없이 공산 전체주의라면서 공산주의를 표방하는 국가를 전체주의 국가로 폄훼하고 있다. 러시아, 중국 같은 공산국가를 전체주의 국가라고 몰아세운다면 그들과의 관계 개선은 물 건너간 것이라고 봐야 할 것이다. 러시아나 중국은 그들을 공산주의 국가라고 얘기하는 것에는 동의해도 전체주의 국가라고 얘기한다면 크게 반발할 것이다.

윤석열은 국내에 있는 공산 전체주의자를 지적한 말이라고 할 것이다. 그런데 과연 지금 대한민국에 공산주의자가 존재하기나 한단 말인가? 윤석열 정권에 반대하는 민주화 세력들을 공산주의자로 몰아세우고 있다. 사고방식이 태극기 부대의 할아버지 할머니 수준을 넘어서지 못하고 있다.

그런데 윤석열은 아는지 모르겠다. 윤석열 정권에 반대하는 세력들은 전혀 전체주의적이지 않다. 이들은 오히려 리버럴liberal하다. 다시 말해 자유주의자들에 가깝다. 국가가 자신의 삶에 대해 간섭하는 것에 대해 매우 불쾌해한다.

오히려 윤석열이야말로 전체주의적인 행태를 보이고 있다. 윤석열은 국회의 입법권도 무시하고 시행령 통치를 계속하고 있다. 제1 야당의 대표는 수사받고 있는 피고인이라고 해서 만나지도 않고, 대화도 하지 않고 있다. 자신의 측근에 대해서는 사면권을 남발하고 있다.

검사의 수사권을 이용해 김혜경 여사의 7만 원짜리 법인카드 사용에 대해서는 공금을 횡령했다면서 기소하고, 검찰은 백억 원이 넘는 특수활동비를 영수증도 없이 현금으로 가져가도 당당하다.

이것이야말로 검사독재가 아니고 무엇이란 말인가? 대한민국은 지금 검사가 중심인 파시즘 국가 즉 전체주의 국가로 가고 있다. 윤석열은 자기 자신이 파시스트의 길을 가고 있으면서, 자신에 반대하는 야당과 시민사회를 향하여 공산 전체주의라고 억지를 부리고 있다.

대한민국을 검사가 지배하는 파시즘 국가, 전체주의 국가로 몰아넣고 있는 윤석열은 민주주의의 이름으로 탄핵해야 한다.

윤석열을 탄핵하자!

김행의 새로운 이름 김행랑

김행 후보자와 배우자의 '법카 라이프'

김행 후보자는 5년간 총수입이 9억 7,435만 원이고, 배우자의 총수입이 14억 9,537만 원인 사람의 신용카드, 현금영수증 등 사용액이 0원이다.

이것이 정상적인가? 5년간 24억 원의 수입을 거뒀는데 단 한 푼도 쓰지 않았다는 것은 상식적으로 가능하지 않다. 김행 여성가족부 장관 후보자 배우자의 신고 내역이 실제로 0원이다.

지난 5년간 김행 후보자의 부부 합산 총수입은 24억 원을 초과하고, 지난 10년간 재산은 140억 원이 증가했다. 10년에 140억 원을 벌었다는 것도 신기하지만 5년간 단 한 푼도 지출하지 않았다니 이건 더 기이하기 짝이 없다.

생활반응 없는 실종신고 대상이라면 차라리 납득이라도 할 수 있을 것이다. 자신의 돈을 쓰지 않았다는 것은 결국 남의 돈으로 살았다는 말이다.

김행 여가부 장관 후보자와 배우자는 '법카 라이프'를 누린 것인지 묻지 않을 수 없다. 누군가에게 카드를 받았는지, 아니면 현금을 매달 받아 썼는지 밝혀야 한다. 무슨 해명이라도 내놓아야 할 것이다. 어떤 해명도 하지 않는 김 후보자 본인이 의심을 스스로 키우고 있는 것이다.

해명할 수 없는 상황이라면 불법적이고 부적절한 인생을 살아왔다고 볼 수밖에 없다. 김행 후보자와 배우자는 그동안 누구의 돈으로 생활해왔는지 국민께 소상히 해명하지 못한다면 김행 후보자는 수사 대상이다.

김혜경 여사의 78,000원 법인카드 사용 내역이 수상하다면서 방송에 나와서 연일 비판하던 김행의 모습으로 돌아오길 바란다.

김남국 의원의 코인 투자를 비판하던 김행

2023년 5월 11일 'YTN 뉴스 정면승부'에서 김행은 당시 김남국 의원이 불법적으로 취득한 것이 아니라면서, 당에서 매각하라고 한다고 해서 바로 매각하겠다고 한 것은 불법으로 취득했기 때문이라고 말했다.

심지어 김행은 영장을 기각한 법원이 우리법연구회 출신으로 김명수 대법원장의 코드 인사라고 비판했다. 심지어 김명수 대법원장의 사법농단의 결과라고까지 말하며, 법원의 영장 기각이 잘못되었다고 말했다.

하지만 99% 영장이 발부된다는 검찰의 계좌 영장 발부가 두 번이나 기각된 이유는 불법적인 코인 거래가 없었기 때문이라고 볼 수 있다. 현재 김남국 의원은 불법 코인 보유가 문제가 아니라, 상임위 활동 기간에 코인 거래를 했다는 이유로 국회의원 제명 위기까지 몰렸으며 현재는 민주당을 탈당해서 무소속으로 있다. 필자는 여전히 김남국 의원의 코인 보유에는 어떠한 불법적 요소는 없다고 생각한다. 하지만 상임위 기간 동안 코인 거래를 했다는 사소한 이유로 내년 총선에 불출마하기로 했다. 김남국 의원에 대한 공격은 매우 정파적인 이해관계 때문이라고 본다.

김남국 의원 코인 보유에 대해서 불법이 있을 거라며 몰아붙이던 김행은 정작 자신도 코인을 보유하고 있는 것으로 밝혀졌다.

김행은 2023년 9월 15일 서울 서대문구 한국청소년활동진흥원에 마련된 인사청문회 준비단 사무실로 출근하면서 코인 투자 의혹에 대해 "코인을 가지고 있지 않고 거래한 적도 없다. 지금까지 평생 통장도 하나은행 통장 하나뿐이다."라고 말했다. 하지만 김행도 코인을 보유하고 있는 것으로 밝혀졌다. 김행은 메타캠버스 대표를 맡으며 'NEWS'라는 토인을 발행하는 회사에 10억 원을 투자했다. 3억 원은 주식으로 받고, 7억 원은 코인으로 받았다. 김행은 대표이사 김행이 투자한 것이지, 개인 김행이 투자한 것이 아니라며 가상자산 지갑 내역 공개를 거부했다.

김남국 의원의 코인 보유를 불법적으로 몰아붙이던 김행의 언행으로 본다면 대표이사 김행의 코인 보유 역시 개인 김행의 보유와 다를 바가 없다고 봐야 할 것이다.

혐오 장사로 돈을 버는 위키트리

용혜인 기본소득당 의원이 "김 후보자는 혐오 장사로 주식을 79배 급등시켜 100억대 주식 재벌이 됐다"며 "트래픽 수만 올리면 성공한 기업인이라는 마인드로 차별과 혐오에 기대 자산을 증식했다"고 비판하자 김 후보자는 "이것이 한국 언론의 현실"이라고 책임을 회피했다.

위키트리가 스팀잇에 올린 게시글 상당수는 용혜인 의원의 지적처럼 자극적인 제목이 달린 여성혐오 기사였다. 예를 들어 "여자 친구와 첫 경험 직후 남친이 동기 단톡방에 한 말" 같은 성희롱과 2차 가해를 유발하는 제목을 달거나, "반바지 너무 짧다, 교수 지적에 발표 중 옷을 벗어 던진 한국계 대학생" 같은 불필요한 성적 상상력을 유발하는 내용을 담았다. 위키트리는 한 여성 연예인이 유튜브의 다이어트 영상에 출연한 사실을 두고선 "임신했냐는 질문을 많이 받았다 살이 찐 ○○의 생활 습관"이라는 제목을 달기도 했다.

여성가족부의 장관 후보자가 운영하는 언론사가 여성혐오 기사를 통해서 클릭 장사를 했다는 것은 여성가족부의 장관으로서 자격이 없다고 봐야 할 것이다. 여성가족부를 해체하는 게 목적인 여성가족부 장관 후보자라서는 손색이 없다고 봐야 하는 것인가?

백지신탁 무력화

김행 후보자는 2009년 '소셜뉴스'를 공동 창업했다. 4년 뒤 박근혜 정부 청와대 대변인이 되면서 직무 관련성 때문에 지분을 처분해야 했다.

공직자윤리법을 보면 처분 방법은 두 가지다. 공직자가 보유한 주식이 직무관련성이 있다고 인정되면 주식을 '매각'하거나 '백지신탁' 해야 한다.

김행은 매수자를 한 명도 찾을 수 없을 정도로 어려웠으므로 시누이에게 넘겼다고 했다. 백지신탁은 은행 등 금융회사에 처분을 맡기는 제도로, 매수자를 찾는 건 수탁기관이 할 일이다. 그런데 김행 본인의 주식은 공동 창업자에게 팔고, 남편의 지분은 시누이에게 팔았는데, 주식을 가족에게 잠시 맡겨두려는 의도가 짙은 이른바 '주식 파킹' 의혹을 받고 있다.

공직자가 주식을 백지신탁을 할 때는 그 회사가 이득을 보거나, 손해를 보거나 관계없이 맡겨야 하는 것이 이 법의 취지이다.

김행의 줄행랑 사건

대한민국에서 인사청문회가 시작된 이후 단 한 번도 일어나지 않았던 후보자가 도중에 도주하는 사건이 일어났다. 2023년 10월 9일 김행 여성가족부 장관 후보는 오전 청문회를 마치고, 국민의힘 국회의원들이 청문회 보이콧을 하는 틈을 타서 본인도 잠적했다.

국민의힘은 김 후보자를 방어하는데 한계에 부딪히자, 권인숙 여가위원장의 발언을 꼬투리 잡아 청문회장을 박차고 나갔는데, 김행 장관 후보도 청문회장에 나타나지 않았다.

이렇게 장관 후보자가 청문회를 다 마치기도 전에 나타나지 않아도 이를 제재할 법적 근거는 없다. 그래서 야당 간사인 신현영 의원은 "인사청문회 도중 후보자가 사라지는 사태를 방지하기 위해 '김행 방지법'을 대표 발의할 예정"이라고 밝혔다. 개정안에는 공직 후보자가 정당한 이유 없이 인사청문회에 불참하거나, 중도 퇴장하면 후보직에서 사퇴한 것으로 간주한다는 내용이 담겼다.

국회 인사청문회는 공직자가 될 사람을 면접보는 자리이다. 국회가 국민을 대신해서 면접을 보는 자리인데. 후보자가 스스로 면접장을 나갔다면 그 후보자를 국민은 공직자로 쓸 이유가 없다. 면접장을 나갔다는 것은 취업을 포기하겠다는 의사로 보는 것이 타당하다.

일반 기업체에 취업준비생이 면접 도중 자리를 떴다면, 둘 중의 하나이다. 하나는 그 회사 취업할 뜻이 없다는 것이고, 또 하나는 면접을 보지 않아도 면접관의 의지와는 상관없이 기업의 오너가 합격시켜 줄 것이라는 알기 때문이다. 김행의 줄행랑 사건도 마찬가지이다. 청문회 도중 잠적을 해 놓고도 후보를 사퇴할 생각이 전혀 없는 것을 보면, 용산에서 청문회와 상관없이 임명해 줄 거라 자신하기 때문이라는 의심을 살 만하다.

청문회 도중 나온 많은 의혹은 차치하고라도 청문회를 마치지 못한 김행은 장관 자격이 없다. 그럼에도 불구하고 윤석열이 임명을 강행한다면 국회를 모독한 것만으로도 탄핵 사유가 될 것이다.

이번 인사청문회를 보면서 어떻게 저런 자격 미달의 후보들에게만 고위직을 나눠주는지 이해가 안 된다. 저들에게는 저들만의 룰이 있는 것이다. 새삼 윤석열이 2022년 7월 5일 박순애 교육부 장관 임명을 염두에 두고 "전 정권 인사 중에 그렇게 훌륭한 후보 봤나?"라고 한 말이 생각난다.

능력과 도덕성 모든 면에서 최악의 장관들만 골라서 임명하는 것은 이명박 박근혜 정권에서도 본 적이 없다.

이 글을 쓰고 한참이 지났다. 그 사이 강서구청장 선거에서 국민의힘은 크게 참패했다. 그래서인지 김행은 자진 사퇴를 했다. 대한민국을 위해 다행스러운 일이다.

윤석열 정부의 R&D 예산 삭감

R&D 예산이란 무엇인가?

2017년 기획재정부에 의하면 R&D란 'Research and Development' 의 약자로, 우리말로 번역하면 '연구개발'이라 한다. OECD는 R&D를 '인간·문화·사회를 망라하는 지식의 축적 분을 늘리고 그것을 새롭게 응용함으로써 활용성을 높이기 위해 체계적으로 이루어지는 창조적인 모든 활동'이라 정의하고 있다. 국제회계기준위원회IASC에서는 R&D에 대해 '연구research'를 새로운 과학적·기술적 지식과 이해를 얻기 위하여 행해진 독창적·계획적 조사로, '개발development'을 상업적 생산이나 사용하기 이전에 새로운 또는 개량된 재료·장치·제품·제조법·시스템 또는 서비스 생산계획이나 설계에 연구 성과와 다른 지식을 적용하는 것으로 구분하여 정의하고 있다.

한국산업기술진흥협회는 R&D를 기초연구, 응용연구, 개발연구로 구분한다. 기초연구란 지식의 진보를 목적으로 행하는 연구로 특정 응용을 노리지 않는 것, 또는 특정의 사업적 목적 없이 과학지식의 진보를 목적으로 하는 연구 활동을 말한다. 응용연구란 지식의 진보를 목적으로 행하는 연구로 실제 응용을 직접 노리는 연구활동, 또는 제품과 공정에서 특정 상업적 목적을 가지고 행하는 연구활동을 말한다. 개발연구란 기초연구 및 응용연구 등에 의한 기존 지식을 활용해 새로운 재료, 장치, 제품, 시스템, 공정 등의 도입 또는 개량을 목적으로 한 연구활동을 의미한다. 경제학의 내생적 성장이론endogenous growth theory에서는 R&D에 의한 기술진보를 경제성장의 원동력으로 설명하기도 한다.

윤석열 정부의 2024년 예산안

R&D 예산은 한마디로 정의하면 미래에 대한 투자라고 보면 된다. 그런데 윤석열 정부의 2024년 예산안을 보면 유독 R&D 예산 삭감이 심각하다. 모든 예산이 올라갈 수는 없겠지만, 유독 R&D는 삭감 추이가 심각하다.

그동안 한국은 과학 기술 연구에 많은 투자를 해왔다. 그럼에도 여전히 기초과학 분야에서는 여전히 밀리고 있는 것이 사실이다. 우리나라가 반도체 분야에서 선두를 달리고 있는 것도 정부의 과감한 투자에 있었다. 그런데 윤석열 정부는 전년 대비 16.9%를 삭감했다. 해마다 예산을 늘려오던 분야인데 거꾸로 가고 있는 정책이라고 할 수 있다.

정부의 연구개발 예산 삭감안에 따라 내년도 기초연구사업 비용이

2024년 분야별 재원 배분 상황

분야	단위(조 원)	증감률
보건·복지·고용	242.9	7.5%
일반·지방행정	111.3	−0.8
교육	89.7	−6.9
국방	59.6	4.5%
산업·중소기업·에너지	27.3%	4.9%
SOC	26.1	4.6
R&D	25.9	−16.6%
농림·수산·식품	25.4	4.1%
공공질서·안전	24.3	6.1%
환경	12.6	2.5%
문화·체육·관광	8.7	1.5%
외교·통일	6.6	19.5%

큰 폭으로 줄고 신규과제가 중단되는 등 연구 현장에 혼란이 일어날 수밖에 없게 되었다.

　11월 3일자 조선일보에 의하면 11월 2일 윤석열은 한국표준과학연구원에서 열린 '대덕연구개발특구 50주년 미래 비전' 선포식에 참석해 축사에서 "정부가 내년도 R&D 예산을 3조 4,000억 원 삭감 편성한 것에 반발하는 과학계를 다독이면서 원천·차세대 기술 연구에 예산을 투입하기 위해 R&D 예산을 재조정했다고 설득에 나선 것"이라고 호평했다. 조선일보는 윤석열의 축사 중 "국가 R&D 예산은 민간과 시장에서 투자하기 어려운 기초 원천 기술과 차세대 기술 역량을 키우는 데 중점적으로 사용해야 한다", "연구자들이 혁신적 연구에 열정적으로 도전할 수 있도록 정부가 지원하겠다. 도전적인 연구에는 성공과 실패가 따로 없는 만큼 실패를 문제 삼지 않겠다."는 발언을 발췌했다.

조선일보는 이런 발언은 근거로 기사 제목을 "윤 대통령, R&D, 돈이 얼마나 들든지 국가가 뒷받침"이라고 달았다. 하지만 조선일보가 보도하지 않은 윤석열의 발언이 있었다. 그 발언은 다음과 같았다.

"최근 국가 R&D 예산을 앞으로 더 확대하기 위한 실태 파악 과정에서 내년 R&D 예산의 일부 항목이 지출조정 되었다. 연구 현장의 우려도 잘 알고 있다. R&D다운 R&D에 재정을 사용할 수 있도록 해야 앞으로 R&D 예산을 더욱 확대할 수 있는 것이다."

윤석열의 발언에 의하면 R&D 예산의 삭감은 "R&D다운 R&D"를 파악하려는 조치인 셈이다. 즉, 예산이 삭감된 항목들에 대해 정부는 "R&D다운 R&D"가 아니라고 파악한 것이다.

그러나 윤석열은 R&D 예산이 삭감된 분야가 왜 "R&D다운 R&D"가 아니었는지에 대한 설명도, "R&D다운 R&D"가 대체 무엇인지에 대한 설명도 없었다. 윤석열이 이러한 설명 없이 그저 "R&D다운 R&D"를 운운하는 건 과학계의 우려에 대해 설득은커녕 '과학계가 R&D다운 R&D를 하지 않았기 때문'이라고 치부해버린 꼴이나 마찬가지다.

과연 이러한 발언에도 윤 대통령이 과학계를 설득하고 다독였다고 평할 수 있을까?

비효율적 R&D를 철폐하겠다는 과기부

이종호 과기부 장관은 "우리 정부 R&D는 30조 원의 규모를 넘어 세계 5번째 규모를 가졌으나 양적 확대에 치중해 질적인 개선이 소홀했다"라며 예산안 결정의 이유를 밝혔다. 그와 동시에 "누적됐던 비효율을 걷어내 효율화하고 예산 및 제도 혁신을 통해 이권 카르텔이 발붙이지 못하게 하는 것을 위함이다"라며 기존 R&D 구조의 문제점을 지적했다. 기존 비효율적 R&D를 철폐하고 필수적 R&D는 강화하는 과정에서 전체적인 예산이 삭감돼 보이는 것이라는 의견을 피력했다.

윤석열이 자주 쓰는 '이권 카르텔'이라는 말이 과기부 장관의 말에서 등장했다. 하지만 과학계의 반응은 냉담했다. 실체도 명확히 지목할 수 없는 이권 카르텔을 없애기 위해 예산을 삭감하는 것은 과한 대처라는 것이 주된 의견이다. 특히 과학계와의 협의 없이 독단적으로 대규모 삭감을 진행하며 원인을 과학계로 돌리는 것은 연구 활동의 위축을 초래한다는 것을 지적했다. 2023년 10월 28일, 서울대학교 자연과학대학 학생회, KAIST 총학생회 등 9개 대학 학생들은 R&D 예산 삭감에 반대하는 연대 성명을 발표하기도 했다.

mRNA 백신 사업단 해산

당장 '신·변종 감염병 mRNA 백신 사업단'이 조기 해산된다. mRNA 백신은 코로나19 유행에서 인류를 지킨 가장 큰 혁신 기술이다. 빠른 속도로 개발이 완료돼 전 세계로 보급된 모더나와 화이자의 코로나19

백신 모두 mRNA 백신이다.

팬데믹을 거치며 mRNA 백신 기술의 중요성이 대두되자 정부는 민관 협력으로 '신·변종 감염병 mRNA 백신 사업단'을 꾸렸다. 2022년 1월 출범해 2023년까지 2년간 1단계, 2024년부터 2025년까지 2년간 2단계 연구를 진행하는 구조로 사업단 계획이 세워졌다. 국고에서 총 688억 원, 민간에서 212억 원을 투자해 신종·변종 감염병 발생 시 신속하게 대응할 수 있는 mRNA 백신 플랫폼을 확보하는 것이 목표였다.

시사IN 보도에 의하면 mRNA 사업단은 당초 계획과 달리 2단계 사업에 착수하지 않고 1단계에서 조기 종료되는 것으로 확인됐다. 2024년도 정부 예산이 책정되지 않았기 때문이다. 보건복지부는 시사IN의 문의에 "올해 후속 작업으로 2기 사업을 준비하였지만 과기부과학기술정보통신부 및 기재부기획재정부 예산 심의 단계에서 받아들여지지 않아 2023년을 끝으로 종료되었다"라고 그 이유를 밝혔다.

국내 mRNA 백신 연구와 업계에도 혼란이 뒤따를 것으로 예상된다. 한국의 mRNA 백신 기술은 토양이 그리 두텁지 못하다. 코로나19 이전까지 mRNA 백신을 연구하던 국내 전문가는 손에 꼽혔다. mRNA 사업단은 바이오 벤처, 제약사, 대학 연구팀 등 26개 팀과 9개 프로젝트를 진행해왔다. 사업이 1단계에서 종료된다면 자리를 잡기 시작한 프로젝트 상당수가 미완에 그치게 된다.

그동안 백신 개발은 통상 8~10년, 빨라도 5년이 걸렸다. mRNA 백신은 이 기간을 비약적으로 단축했다. 모더나와 화이자는 개발에 착수한 후 300여 일 만에 코로나19 백신을 완성했다. mRNA 백신은 이름 그대로 '메신저 RNAmRNA'라는 유전물질을 기반으로 한다. 전통적인 백신 기술보다 신속한 개발과 대량생산에 훨씬 더 용이하다. 미래 팬데믹 대비를 위해 각국이 mRNA 백신 개발에 뛰어드는 이유다.

mRNA 백신 기술은 암이나 만성병 치료제 개발 분야에서도 기대를 모은다. mRNA 백신은 몸속에 들어가서 유전물질mRNA의 설계도대로 원하는 단백질을 만들어낼 수 있다. mRNA 백신을 이용해 암세포를 차단하는 단백질을 발현시켜 암을 치료하는 식으로, 다양한 질병을 정복하는 데에 이 기술이 활용될 수 있다.

하지만 mRNA 백신 사업의 중단으로 한국은 미국이나, 유럽, 중국과의 기술 격차가 더 벌어지게 되었다. 윤석열 정부의 입장대로라면 한국의 mRNA 백신 업계가 이권 카르텔이며 mRNA 백신사업이 R&D답지 않은 R&D라는 것이다.

1,000억짜리 국가 슈퍼컴퓨터 '전기요금' 못 내서 멈췄다

윤석열 정부가 내년도 연구개발 예산을 삭감한다는 소식과 함께 한국과학기술정보연구원KISTI 국가슈퍼컴퓨터 본부가 2023년 8월 21부터 말일까지 대용량데이터허브센터GSDC를 50% 축소 운용했는데 이유가 어처구니없게 '전기세'를 감당하지 못해서였다. KISTI 슈퍼컴은 국내 주요 대학과 연구소들이 연구와 분석을 위해 이용하는 국가 핵심 연구 인프라이자, 국가 전략 정보자산이다. 전기요금이 없어 슈퍼컴을 멈춘 건 1988년 도입 후 처음이다. 어쩌다 대한민국이 전기요금 낼 돈이 없어서 과학자들이 연구를 못 하는 지경에 이르렀는지 한심하기 짝이 없다.

여기에 그치지 않고 정부는 내년도 R&D 예산을 난도질하면서 2024년 새로 도입할 슈퍼컴 6호기의 운용 예산 약 80억 원을 전액 삭감했다.

수천억 원을 들여 구축한 국가 핵심 인프라를 무용지물로 만드는 폭거라고 할 수 있다. 이것이야말로 '혁신' '구조조정' 같은 말들로 포장된 내년도 R&D 예산 삭감 소동의 본질이라고 할 수 있다.

농업 연구개발 예산도 삭감

2023년 10월 18일 국회 농림축산식품해양수산위원회의 농촌진흥청과 한국농업기술진흥원에 대한 국정감사에서는 2024년 농업 연구개발 예산이 뜨거운 쟁점이었다.

농촌진흥청의 연구개발 2024년 예산안이 7,175억으로 2023년 9,022억 원보다 무려 20.5%인 1,848억 원이 대폭 삭감되었다. 특히 농업기술실용화 예산은 89%나 삭감되어 농진청 출연기관인 한국농업기술진흥원의 존재 기반까지 흔들리고 있다.

이로 인해 2024년 종료되는 연구사업은 생물 다양성 위협 외래생물 관리 기술개발, 수요자맞춤형 육종자원 대량신속발굴기술개발, 농축산물 생산현장의 안전관리 기술개발, 작물 유용성분 증진 핵심기술개발, 지역농산물 소비확대를 위한 생산 안정화 기반기술개발, 고위험 식물병해충 격리시험연구동 구축, 농업기술경영연구, 농식품 및 농산업기술수출지원 등으로 우리 농업의 미래 먹거리를 책임질 매우 중요한 연구사업이다.

R&D 예산은 대한민국의 미래

R&D 예산은 대한민국의 미래, 우리 후손들의 미래를 위한 예산이다. 지금 성과가 나지 않더라도 지속적인 투자가 필요하다. 지속적인 투자를 해야 달에도 갈 수 있고, 제임스웹 같은 우주망원경도 운용할 수 있는 것이다. 그런데 윤석열 정부는 R&D 예산 삭감이라는 폭탄을 연구 현장에 투하해놓고 이에 대한 제대로 된 수습은 하지 않은 채

R&D 혁신방안을 발표하며 변죽만 울리고 있다. 윤석열 정부는 R&D 예산은 대폭 삭감해놓고 대통령실과 외국 순방을 위한 예산은 대폭 늘렸다. 2024년에도 2023년처럼 잦은 외유가 있을 것으로 예상된다. 해외순방을 통해 대한민국이 얻어 오는 것이 있다면 말릴 생각이 없다. 하지만 대한민국 1호 영업사원의 실적은 초라하기 짝이 없다. 이들에게 대한민국의 미래를 맡겨도 괜찮은지 의문이다.

4장

윤석열 정권은 조기에
끝내야 한다

해고해야 할 대한민국 1호 영업사원

대한민국 1호 영업사원이 되겠다는 윤석열

대한민국의 대통령은 안보를 튼튼히 해서 국민의 생명을 지키고, 경제를 활성화해서 국민의 삶의 질을 높여야 한다. 윤석열은 대통령에 취임하자마자 자신이 대한민국 1호 영업사원이 되겠다고 했다. 대통령이 대한민국의 1호 영업사원이 되겠다는 것이 새삼스러운 일도 아니고, 대통령으로서 갖춰야 할 기본적인 자세이다. 하지만 왠지 윤석열이 스스로 1호 영업사원이 되겠다고 했을 때 많은 사람이 불안해했다. 제대로 해낼 수 있을지 걱정이 많았다. 많은 사람의 우려대로 윤석열의 영업실적을 보면 해고감이다. 외교라는 것이 원래 한쪽만 이득을 가질 수는 없다. 받는 게 있으면 주는 게 있게 마련이다. 그래야 서로 불만이 없게 된다. 하지만 이상하게 윤석열의 외교는 주는 것은 한 트럭인데, 받는 것은 한 바가지도 되지 않는다. 가는 나라마다 호구가 되어 다 털리고 돌아온다.

미국에 삼성, 현대, SK 등 대기업을 갖다 바친 호구 외교

윤석열은 2023년 4월 26일 바이든의 초청으로 미국을 국빈 방문했다. 이 방문을 통해 한미 양국은 상대국에 어떻게 투자할 것인지를 밝혔다.

현대차그룹은 SK온과 미국 조지아주에 총 50억 달러한화 6조 5천억 원를 들여 배터리 합작 법인도 설립키로 했다. 양사는 지분 각 50%씩을 보유할 예정이다. 2025년 하반기에 가동될 예정인 합작 공장은 연간 35GWh에 달하는 배터리를 생산할 수 있는 규모로, 연간 전기차 30만 대 분량의 배터리를 공급할 수 있게 된다.

삼성전자도 2024년 하반기 가동할 예정인 미국 테일러시에 위치한 파운드리반도체 위탁생산 공장에 250억 달러약 33조 원를 투자하기로 했다. 또 향후 20년에 걸쳐 총 1천900억 달러를 투자해 텍사스주에 반도체 공장 11곳을 신설하는 중장기 계획도 검토 중이다.

롯데그룹은 지난해 미국 바이오 의약품 생산공장을 인수하고 향후 10년간 2조 5천억 원을 투자한다고 발표했다. 한화그룹도 약 2천억 원의 추가 투자를 통해 1.4GW 규모의 태양광 모듈 공장을 건설하겠다는 계획을 내놓은 바 있다. 한화는 지난 2019년부터 조지아주에 미국 내 최대 규모인 1.7GW 태양광 모듈 공장을 가동 중이다.

SK하이닉스도 미국에 반도체 연구개발R&D 협력과 메모리 반도체 첨단 패키징 제조 시설 등에 150억 달러를 투자할 계획을 내놓은 상태다. 다만 부지는 아직 결정되지 않은 상태다.

제이크 설리번 미국 백악관 국가안보보좌관은 25일 별도의 브리핑을 통해 "바이든 행정부 시절만 해서 지난 2년여 동안 한국은 미국에 1천억 달러 이상을 투자했다"며 "그것은 미국 전역에 일자리 창출로 이어지고 있다."고 언급했다.

하지만 미국은 넷플릭스를 통해 4년간 K-콘텐츠에 25억 달러약 3조 3천억 원를 투자하겠다는 것이 전부이다. 그런데 이것마저 이미 넷플릭스가 해마다 투자하고 있는 것으로 새로울 게 없는 내용이다.

미국 방문을 통해 한국의 대기업은 미국에 70조 원을 투자하고, 미국의 기업은 한국에 3조 원을 투자하는 성과를 내었다. 미국에 주는 것에 20분의 1도 받아내지 못했다. 이것은 성과가 아니라 대한민국 기업을 미국에 바친 것이다. 바이든은 엄청난 투자에 기분이 좋았을 것이다. 그런데 윤석열은 그렇게 퍼주고도 부끄러운 줄 모른다. 이게 바로 대한민국 1호 영업사원의 실력이다. 여기서 그치지 않는다. 윤석열의 호구 외교는 영국에서도 계속되었다.

영국에는 34조 주고 1조 받고

윤석열은 2023년 11월 20일 영국을 국빈 방문했다. 이 기간 동안 윤석열은 다우닝가 합의Downing Street Accord라는 것을 체결하고 한국 기업들이 영국에 총 210억 파운드약 34조 원를 투자하기로 했다.

한국투자공사KIC는 2033년까지 재생에너지·핀테크·생명과학 등 분야에 97억 파운드를 투자한다. 한국산업은행은 5년간 신디케이트론·프로젝트파이낸싱·채권투자·무역금융·파생상품·벤처캐피털 등으로 30억 파운드를 투입한다.

KB금융그룹은 3년간 20억 파운드를 추가로 투자한다. 신한금융그룹은 신한은행 등 계열사와 함께 20억 파운드를 투자할 계획이다.

하나금융그룹은 2028년까지 프로젝트파이낸싱·녹색 인프라·투자은행 등 부문에서 25억 파운드를 투입한다. 이와 함께 내년 외환거래센터도 설립한다. NH농협은행은 영국 지점을 개설하고 향후 7년간 자산을 7억 파운드 규모로 성장시킬 예정이다.

영국의 1인당 국민소득은 약 46,000불, 한국의 1인당 국민소득은 32,000불, GDP, GNI 모두 한국의 3배, 경제성장률 4.10%로 한국에 2배인 영국으로부터 한국에 대한 투자를 끌어낸 것이 아니라 한국보다 훨씬 잘살고 있는 영국에 34조를 투자하면서 영국의 경제성장률이 0.2% 상승하는 효과를 거두었다. 정상적인 국가의 정상이 펼치는 정책이라고 볼 수 없다.

영국은 한국의 34조 투자에 반색하며 총리실은 직접 나서 보도자료를 통해 윤석열의 국빈 방문이 '무역과 투자'에 중점을 둔 것이며, 한국의 투자로 1,500개 이상의 고숙련 일자리가 만들어질 것이라고 홍보했다.

이에 반해 한국에 투자하는 것은 영국 에너지 기업 두 곳이 총 1조 5,000억 원 규모의 한국 투자를 결정했다는 것이 전부이다. 미국에 이어 영국에 또다시 퍼주고 왔다. 윤석열이 영국의 황금마차를 얻어타는

윤석열의 34조 원짜리 탑승료 황금마차

대가로 34조 원의 탑승료를 낸 것이다.

한편 영국에 투자하기로 한 것이 대부분 재생에너지 관련 산업이라는 것에 실소를 금치 못하게 한다. 한국에서는 태양광 에너지 업체를 이권 카르텔이라면서 생태계를 초토화해서 투자를 못 하게 하고, 영국에는 투자하라고 부추기고 있다. 도대체 윤석열은 대한민국의 대통령이 맞는지 묻고 싶다.

대기업 실적 가로챈 1호 영업사원

윤석열이 방문하는 나라마다 퍼주기만 한다는 비판 때문인지 윤석열은 모처럼 네덜란드로부터 대규모 투자를 받았다고 적극적으로 홍보했다.

윤석열은 2023년 11월 11월부터 3박 5일간 네덜란드를 국빈 방문했다. 그러잖아도 외유가 너무 많다는 지적이 있었는데, 딱히 현안이 없는데도 불구하고 기어코 네덜란드를 방문했다. 윤석열은 떠나기 전 네덜란드와 반도체 동맹을 맺겠다고 밝혔다. 네덜란드 방문을 마치고 돌아와서도 이번 방문 성과의 90%는 반도체였다고 했다.

그렇다면 윤석열의 말대로 윤석열의 방문으로 대한민국과 네덜란드가 반도체 동맹 국가가 되었는가? 전혀 그렇지 않다. 윤석열이 성과라고 낸 것은 사실 이미 결정되어 있던 것이다. 삼성과 경기도가 만들어낸 반도체 생태계에 대통령이란 자가 자기 성과라고 숟가락을 얹고 언론 플레이를 하고 있는 것이다.

뜬금없이 네덜란드로 출국한 이유도 제대로 발표하지 못한 채 네덜란드로 날아간 1호 영업사원 윤석열이 반도체 제조에 핵심 장비를 독점 생산하는 네덜란드의 ASML*의 본사를 방문한다는 내용의 보도를 대통령실발로 보수언론들이 연이어 온라인, 지면, 방송을 통해 일제히 보도했다.

ASML 기업의 방문코스는 일반 누구나 신청만 하면 가능한 코스로 누구나 참여가 가능한 코스임에도 윤석열이 이 방문코스에 참여하는

---

* 1984년 네덜란드 벨트호벤에서 설립되어 초미세 공정을 구현하기 위해 필수적인 노광 부문의 독보적인 원천기술을 가진 기업으로 전 세계 16개국에 3만 7,500명정도의 직원을 두고 연간 매출 약 25조원을 기록하는 세계 최대의 반도체 장비업체 중 하나이다.

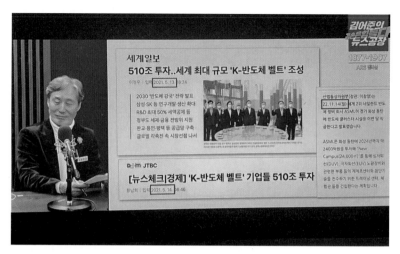

〈김어준의 겸손은 힘들다〉 갈무리

것이 마치 세계 최초라도 되는듯한 보도를 이어가는 것을 보면 정말 어처구니없는 일이다.

이미 2022년 11월 경기 동탄에 ASML동탄 반도체 클러스터 건설이 시작된 사실을 감춘 채 마치 자신이 모든 것을 한 것처럼 삼성과 경기도의 영업실적을 가로챘다. 이재명 대표가 경기도지사로 있을 때 문재인 대통령이 참가한 가운데 판교·용인·평택 등에 'K-반도체 벨트'를 만들어서 기업들이 510조를 투자할 수 있도록 했으며, 2022년 11월 세계 최대 반도체 노광장비극자외선을 이용해 반도체를 생산하는 장비 기업 ASML의 회장이 직접 한국을 방문해 약 2,400억 원을 투자하는 클러스터 건설을 시작한다는 것을 경기도와 공식적인 자리에서 발표하고 건설을 시작했다. 당시 김동연 경기도지사는 전격적인 환영의 뜻을 밝히며 전담 조직을 신설하고 적극적인 지원을 약속한 바 있다.

그런데도 대통령실은 마치 자신의 업적인 양 선전하고 있으며, 언론들은 이미 자신들이 보도한 바 있는 것을 모르는 체하며 윤석열 찬양 기사를 쓰기에 바쁘다.

투자에서 한국의 대통령이 해야 할 일

한국이 외국에 투자하는 것은 한국 기업에는 좋은 일일 수도 있으나, 한국 국민 입장에서는 마땅히 한국에 있어야 할 일자리가 외국으로 빠져나가는 것이며, 한국 정부의 입장에서는 국부가 외국으로 빠져나가는 것이다. 오히려 한국의 대기업이 외국에 투자한다고 하면 말려야 하는 것이다. 그런데 가는 곳마다 대기업 총수들을 대동해 다니면서 연일 외국에 투자하라고 부추기고 있다. 외국과의 경제외교에서 실리는 투자를 받는 것이지 투자를 주는 것이 아니다. 그런데 윤석열은 투자를 주기만 하고 받지는 않고 있다. 한국의 미래가 매우 어둡다. 더 늦기 전에 영업사원을 해고해야 한다.

삼권분립의 헌법정신을 부정하는 윤석열

역사상 처음 있는 사면복권 후 보궐 출마

2023년 10월 11일. 2024년 총선을 앞두고 유일한 보궐선거였던 강서구청장 선거에서 민주당의 진교훈 후보가 국민의힘 김태우 후보를 17% 차이의 압도적 승리를 거두었다.

이번 보궐선거는 애초에 이렇듯 전국적 관심을 받으며 치러질 선거가 아니었다. 대법원은 김태우에게 공무상 비밀 누설죄로 징역 1년에 집행유예 2년을 선고한 하급심 판단을 받아들였다. 이로써 지난 지방선거에서 강서구청장으로 당선되어 업무를 수행하던 김태우는 대법원에서 당선무효형이 확정됨에 따라 청장직을 잃었다. 하지만 윤석열은 법원의 판단이 잘못되었다면서 김태우가 공익제보자라며 대법원에서 형이 확정된 지 불과 3개월 만에 사면 복권해서 보궐선거에 출마시켰다.

유죄판결을 받아 직을 상실한 자가 바로 치러지는 보궐선거에서 사면복권을 받아 다시 출마한 경우는 대한민국 헌정사에 처음 있는 일이었다. 전 세계적으로 봤을 때도 처음 보는 장면이었다.

사면복권은 매우 제한적으로 이루어져야 한다. 대통령의 고유 권한이긴 하지만, 그 권리행사는 신중해야 하고, 국민의 일반 상식과 예상을 벗어나지 않아야 한다. 그래서 역대 대통령은 사면권을 행사 함에 있어 최소한 대법원이 확정한 형량의 60% 이상을 지나야만 실시했다. 정경심 교수의 사면을 문재인 대통령이 하지 않은 이유는 형기의 60%를 채우지 못해서이다.

하지만, 윤석열은 전혀 원칙이란 게 없다. 징역 1년 형이 확정되고 집행유예 2년이면, 역대 정부 같았으면 1년 반 뒤에나 사면복권을 했을 텐데, 윤석열은 불과 3개월 만에 했다.

3대 권력기관 중 하나인 대법원을 무시하는 윤석열

윤석열이 김태우를 3개월 만에 사면복권을 한 것은 법원의 판단을 인정하지 않겠다는 뜻이다. 심지어 국민의힘에서는 법원에서의 유죄 판결이 잘못되었기 때문에 정당하다고 주장하고 있다.

우리 민주당은 그 판결이 맘에 들지 않더라도 법원의 판결을 존중해왔다. 이는 입법, 행정, 사법의 3권분립을 통해 3대 권력기관이 서로 견제하라는 헌법의 취지를 존중하기 때문이다.

그럼에도 불구하고 윤석열은 여론의 눈치를 전혀 보지 않고, 사면복권도 모자라서 즉각 선거에 투입했다. 이는 사법부의 판단을 인정하지 않겠다는 것이다. 사법부의 판단을 신뢰하지 않고 부정하는 것은 대한민국 헌법을 부정하는 것과 다름없다. 명백한 탄핵 사유다.

윤석열의 사법부 무시는 이번 김태우 사면 후 출마뿐만 아니다. 일제 강점기 전범 기업의 강제 동원으로 인한 노동자의 체불임금에 대한 제3자 변제안을 밀어붙이는 것도 사법부 부정의 한 사례이다.

대법원은 일제 강점기 시절 전범 기업들이 지급하지 않은 임금에 대하여 지급하라고 명령하고 국내에 있는 관련 기업의 자금을 동결했는데, 윤석열은 국내 기업들이 각출해서 변제하겠다고 했다. 대법원의 판결을 무력화시킨 것이다.

이 문제에 대해서는 이미 앞장에서 다루었으므로 여기서는 넘어가도록 하겠다.

입법부 무시하는 윤석열

윤석열 정부는 사법부만 무시하는 것이 아니다. 국민의 대의기관인 입법부의 권위마저 무시하고 있다. 그 대표적인 것이 거부권 행사의 남발이다.

윤석열은 2023년 4월 14일 초과 생산된 쌀을 정부가 의무 매입하도록 하는 양곡관리법에 대해서 거부권을 행사했다. 후보 시절엔 쌀값 안정을 통해 농민의 수입을 증대하겠다고 했지만, 농촌 수입에서 절대적인 비중을 차지하는 쌀의 가격하락을 방치하겠다는 것이다. 인구의 감소와 함께 1인당 쌀 소비가 지속적으로 줄어드는 상황에서 과잉 생산된 쌀은 최근 정부의 골칫거리 중 하나이다.

현재 농업은 고연령층이 주로 종사하고 있다. 쌀을 대체할 만한 농산물이 없다고는 할 수 없으나, 고연령층은 재배작물을 바꿀 수 있는 여건이 되지 않는다. 이들이 쌀가격 하락으로 자연스럽게 쌀농사를 포기할 수 있는 처지가 아니다. 재배작물을 바꾸기 위해서는 막대한 자본과 기술이 필요한데 이들 노령층들은 여기에 해당하지 않기 때문에 당분간은 관성처럼 벼농사를 지을 수밖에 없다.

그렇다면 과잉 생산된 쌀에 대한 대책이 없는 것인가? 반드시 그렇지만도 않지만, 윤석열의 대북정책을 보면 답이 보이지 않는다. 이를 해결할 수 있는 유일한 방법은 북한에 남아도는 쌀을 보내는 것이다. 북한은 해마다 식량난에 허덕이고 있다. 과잉 생산된 쌀을 북한에 보낸다면 쌀 가격의 하락을 막을 수 있다. 과거 새누리당은 북한에 지원된 쌀이 미사일로 돌아온다면서 북한에 대한 쌀 지원을 거부했다. 그 기조를 윤석열 정부는 이어받고 있다. 하지만, 쌀이 미사일로 돌아온다는 것은 억측에 불과하다. 북한에 쌀을 지원하고, 북한으로부터는 광물을 들여온다면 남과 북이 모두 이롭게 될 것이다. 남쪽에서 과잉 생산되는 것은 쌀뿐만 아니다. 제주도 귤도 해마다 과잉 생산되고 있다. 북한에서 귤은 매우 귀한 과일이다. 귤도 지원할 필요가 있다.

하지만 윤석열 정부는 남과 북이 전쟁이나 안 하면 다행일 정도로 험악한 분위기를 조성하고 있다. 철 지난 체제경쟁을 하면서 남과 북이 국력을 낭비할 것이 아니라 상부상조하는 자세가 필요하다.

2023년 5월 간호법 거부권 행사 규탄대회

5월 16일에는 간호법에 대해서 거부권을 행사했다. 간호법 제정은 윤석열의 대선 공약이었다. 그래서 간호사들의 상당수가 윤석열을 지지했을 만큼 간호사들과 약속된 법이었다. 하지만 윤석열은 의사들의 눈치를 보면서 결국에는 거부권을 행사했다.

거부권이 없는 방통위원 임명에 대해서도 실질적인 거부권을 행사하고 있는 것도 있다. 방통위원의 일부는 야당에서 추천하는 것이 법으로 명시되어 있다. 그래서 야당인 민주당에서는 최민희를 야당 몫의 방통위원으로 결정했다. 하지만 임명권자인 대통령 윤석열은 즉시 임명해야 할 방통위원을 6개월째 임명을 하지 않으면서 실질적인 거부권을 행사했다. 윤석열은 야당 몫의 방통위원을 거부할 아무런 법적 권한이 없다. 그럼에도 불구하고 무소불위의 월권을 행사하고 있다. 이는 명백한 탄핵 사유라고 할 수 있다. 최민희는 결국 방통위원 내정을 스스로 철회했다.

하고 싶은 것이 없는 윤석열 정부

원래 소수 여당이 되면 야당을 찾아서 자신들이 하고 싶은 일을 원활하게 할 수 있는 법률안을 만들기 위해서 협조를 구하는 게 정상이다. 하지만 윤석열 정부는 야당에 협조를 전혀 구하지 않고 있다. 야당이 만드는 법률안에 대해서는 거부권을 행사하고, 자신들은 뭘 하겠다는 법률안을 내놓지 않고 있다.

야당과 대화하지 않는다는 것은 새롭게 뭔가 하고 싶은 일이 없다는 것이다. 대신 윤석열은 자신이 해서는 안 되는 일을 시행령을 통해서 하고 있다. 상위 법률에서 실질적으로 금지하고 있는 일들을 시행령으로 하고 있는데 이는 명백한 법률 위반이다.

그 대표적인 것이 행자부 내에 경찰국 신설이다. 현재 경찰은 행자부 장관의 지휘를 받는 것이 사실이나, 경찰국의 신설은 경찰의 위상을 지금보다 더 아래로 떨어뜨리는 역할을 하게 되는 것이다. 경찰국은 이승만 정권 시절에 있었으나, 4·19혁명 이후 없어졌는데 윤석열 정부 들어 부활한 것이다. 그런데 부활 과정이 입법이 아니라 대통령의 시행령을 통해서 이루어졌다. 명백하게 입법부의 권한을 침해한 것이다. 반드시 바로잡아야 할 것이다.

윤석열의 말을 빌자면 고작 5년짜리 대통령이 겁도 없다고 밖에 할 말이 없다. 그 사이 국민은 5년도 길다고 아우성을 치고 있다.

윤석열의 정치는 패밀리 비즈니스

대한민국을 위해서는 일하지 않는다

정상적인 대통령이라면 당선될 때는 강력한 지지자들의 지원을 받아 당선되지만, 대통령직을 수행할 때는 자신을 지지하지 않았던 사람들을 위해서도 일해야 한다. 그게 대통령이다.

대한민국 대통령은 남과 북의 평화와 통일을 위해 일해야 하는 사명이 있으며, 균형적인 경제발전, 약자의 보호 등 공정한 법 집행을 해야 한다.

하지만 윤석열에게는 국가 운영을 위한 철학이 없다. 윤석열은 대한민국을 위하여 헌신하겠다는 자세가 없다. 지금 윤석열 정부는 역대 최대의 여소야대 국회와 마주하고 있다. 여소야대 국회와 대화하기 위하여 전임 대통령들은 많은 노력을 했다.

대통령이라면 하고 싶은 일이 하도 많아서 반드시 입법부의 협조가 필수적이다. 하지만 윤석열은 하고 싶은 일이 없다. 그렇기에 윤석열은 국회와 전혀 대화할 생각이 없다. 취임한 지 1년 반이 지나도록 야당 대표를 만나지 않은 것은 물론이고, 오히려 검찰을 통해 이재명 대표에 대한 정치보복을 계속하고 있다.

윤석열은 지난 국민의힘 대선 후보 경선 기간 중 원희룡과의 후보 토론회 중에 다음과 같이 말했다.

원희룡의 "정치보복의 기준은 무엇입니까?"라는 질문에 윤석열은 "누구를 딱 찍어 놓고 그 사람 주변을 일 년 열두 달 뒤지고 뒤져 찾는 다면 그것은 정치보복이죠." 이렇게 말했다.

윤석열의 검찰은 지금 이재명 대표에 대해서 일 년 열두 달이 아니라, 삼 년 서른여섯 달 동안 무려 300회가 넘는 압수수색을 하면서 주변을 탈탈 털고 있다. 윤석열 본인의 말대로 정치보복을 하고 있는 것이다.

윤석열은 대통령으로서 대한민국을 반석 위에 올려놓을 생각은 하지 않고, 오직 이재명을 제거하기 위한 깡패짓만 하고 있다. 대한민국 전체의 부를 축적할 생각은 안 하고 오직 자신의 가족과 측근을 위한 이권 챙기기에만 혈안이 되어 있다.

김건희 고속도로

"여보, 장모님 댁에 고속도로 하나 놔드려야겠어요."라는 말이 유행할 정도의 노골적인 권력의 사유화를 보여주는 것이 서울-양평고속도로 노선변경이다.

양평에는 양수리라는 유명한 관광지가 있다. 양수리라는 말은 두 개의 물줄기가 만나는 곳이란 뜻이다. 즉 남한강과 북한강이 만나서 한강이 되는 지점이 양수리인데, 지금은 두물머리라는 한글 이름으로 더 많이 알려져 있다.

두물머리는 워낙 유명한 관광지이기도 하고 서울과 매우 가까운 편이라 주말이면 서울과 경기도 인근에서 관광객이 몰려든다. 그렇다 보니 국도는 늘 정체되어 지역 주민들도 통행에 많은 불편이 있다. 그래서 관광지에 오고 가는 외지 사람들을 고속도로로 바로 진입하게 하면 지역 주민들의 생활도 많이 편리해지게 된다.

그렇기에 서울-양평고속도로는 지역주민들의 15년 숙원사업이었다. 이 사업은 2008년 민자사업으로 추진되었으나, 제대로 이루어지지 않았다. 그러다가 2017년 제1차 고속도로 건설계획에 반영이 되었으며, 2021년 4월에는 기획재정부의 예비타당성예타 조사를 통과했다. 당시 국토부가 기재부에 제시한 '예타안'에 포함된 노선은 27km, 왕복 4차로로 경기 하남시를 출발해 양평군 양서면에서 끝난다. 서울에

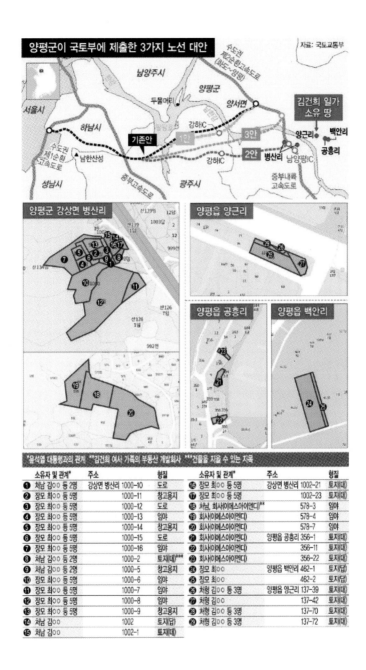

소유자 및 관계*	주소	형질	소유자 및 관계*	주소	형질
❶ 처남 김○○ 등 2명	강상면 병산리 1000-10	도로	⑯ 장모 최○○ 등 5명	강상면 병산리 1002-21	토재(대)
❷ 장모 최○○ 등 5명	1000-11	창고용지	⑰ 장모 최○○ 등 5명	1002-23	토재(대)
❸ 장모 최○○ 등 5명	1000-12	도로	⑱ 처남, 회사이에스아이엔디**	578-3	임야
❹ 장모 최○○ 등 5명	1000-13	임야	⑲ 회사이에스아이엔디	578-4	임야
❺ 장모 최○○ 등 5명	1000-14	창고용지	⑳ 회사이에스아이엔디	578-7	임야
❻ 장모 최○○ 등 5명	1000-15	도로	㉑ 회사이에스아이엔디	양평읍 공흥리 356-1	토재(대)
❼ 장모 최○○ 등 5명	1000-16	임야	㉒ 회사이에스아이엔디	356-11	토재(대)
❽ 처남 김○○ 등 2명	1000-2	토재(대)***	㉓ 회사이에스아이엔디	356-22	토재(대)
❾ 처남 김○○ 등 2명	1000-5	창고용지	㉔ 장모 최○○	양평읍 백안리 462-1	토재(답)
❿ 장모 최○○ 등 5명	1000-6	임야	㉕ 장모 최○○	462-2	토재(답)
⓫ 장모 최○○ 등 5명	1000-7	임야	㉖ 처형 김○○ 등 3명	양평읍 양근리 137-39	토재(대)
⓬ 장모 최○○ 등 5명	1000-8	임야	㉗ 처형 김○○ 등 3명	137-42	토재(대)
⓭ 장모 최○○ 등 5명	1000-9	창고용지	㉘ 처형 김○○ 등 3명	137-70	토재(대)
⓮ 처남 김○○	1002	토재(답)	㉙ 처형 김○○ 등 3명	137-72	토재(대)
⓯ 처남 김○○	1002-1	토재(대)			

서 양평까지 1시간 30분에서 2시간 남짓 걸리던 차량의 이동시간이 30분대로 줄어들 것으로 기대됐다. 이 고속도로는 2030년이나 이듬해 2031년쯤 완공될 예정이었다.

그런데 예타를 통과한 이 노선을 국토부가 타당성 조사와 전략환경 영향평가 과정에서 예타안과 달리 강상면으로 변경한 대안 노선29km로 변경했다.

대안 노선의 종점인 강상면 인근 5km에는 김건희 일가가 소유한 토지 29필지, 39,939㎡가 있는데 이는 축구장 5개 크기이다.

재산 공개 당시 김건희 가족이 소유한 것으로 알려진 양평 일대 필지보다 17곳이 더 많다. 12개 필지는 상속, 17개 필지는 매매로 취득했다.

이들 땅은 모두 김건희와 그의 모친 최은순 그리고 형제 3명이 단독 또는 공동으로 소유했다. 또한 김건희 가족이 운영하는 부동산 개발회사 ESI&D도 양평에 땅을 소유하고 있다.

강상면을 종점으로 하는 대안 노선이 건설될 경우 김건희 일가는 수백억대의 막대한 지가 상승의 혜택을 누릴 수 있다. 그래서 대안 노선은 김건희 일가를 위한 변칙적인 노선변경이라는 의심을 피할 수가 없다.

원희룡 국토부 장관은 강상면 종점은 나들목으로 이용되는 IC가 아니라 두 개의 고속도로가 연결되는 JCT이기 때문에 김건희 일가가 누릴 수 있는 혜택이 없다고 주장하고 있다.

하지만 이 주장은 명백한 거짓이다. 대안 노선의 양평 JCT에서 불과 1km 안쪽에는 이미 기존의 남양평 IC가 있다. 남양평 IC가 사실상 대안 노선의 나들목으로 쓰이게 되는 것이다. 대안 노선이 김건희 일가를 위한 노선임이 명확해진 셈이다.

노선을 변경하게 되면 건설비도 늘어나게 된다. 지금까지 예타 이후 국토부 타당성 조사에서 고속도로의 출발지 또는 종점이 바뀐 사례는 2건뿐이라는 의혹도 추가로 제기됐다. 결국 원희룡 국토부 장관은 주민설명회 등 의견수렴 절차를 중단했고, 6일 당정협의회를 거쳐 해당 사업은 전면 백지화하기로 결정됐다.

이미 예타를 통과하여 결정되어 있는 고속도로를 일개 장관이 백지화하는 것은 명백한 월권에 해당한다. 그런 권한 자체가 존재하지 않는다. 그럼에도 불구하고 전면 백지화를 선언한 것은 강상면 안을 받아들이지 않을 경우 고속도로를 놓지 않겠다며 양평군민을 협박한 것이다.

전면 백지화를 선언해 놓고도 변경안이 더 합리적이라는 홍보를 멈추지 않는 것은 실제로 백지화할 생각이 없는 것으로 보인다. 조금 잠잠해지면 변경안을 강행하려는 의도로 보인다.

서울-춘천고속도로와 연결

양평고속도로는 양평이 영원한 종점이 아니었다. 2021년 예타 당시 국토부는 서울-양평 고속도로와 서울-춘천 고속도로를 연결하는 방

일러스트 노컷뉴스

안을 염두에 두고 두 도로의 최단 거리인 양서면 안을 제시했다. 국토
부에 예타 당시 공개한 서울-양평고속도로 계획안을 보면 기존 안이
다른 그 어떤 대안 노선보다 타당해 보인다.

고속도로는 양평군민만을 위한 도로가 아니다. 국토 균형발전과 기
존 고속도로와의 원활한 연결이 중요하다. 그런데 국토부는 김건희 일

가의 재산 증식을 위하여 국가 권력을 사유화하고 있다.

변경안에 사심이 없다면 김건희와 최은순은 최소한 자신들 소유의 토지를 매각해야 옳다. 그렇게 한다고 해도 지도에서 보는 것처럼 변경안이 전혀 타당해 보이지 않는 것은 변함이 없다.

윤석열은 언제나 자신의 오류를 인정하지 않는다. 할 줄 아는 것이라곤 무조건 국민 눈치 안 보고 강행하는 것뿐이다. 윤석열을 지지하는 사람들은 그것을 과감한 결단력이라고 포장하기도 하지만, 국민의 눈치를 안 보는 대통령은 독재자일 뿐이다.

김건희가 일가가 소유한 땅에 고속도로를 놓아주는 것은 서울-양평 고속도로뿐만이 아니다.

남양주-포천고속도로에도 최은순 땅

하남-양평 간 고속도로 노선을 무리하게 변경해서 김건희 일가의 소유 양평 토지의 가치를 높이려고 했던 소식에 국민은 경악을 금치 못했는데, 남양주 송능리 일대에서도 동일한 패턴의 시도가 발견되었다고 2023년 10월 10일 시민언론 뉴탐사가 보도했다.

특히 이곳은 완숙 신도시 GTX-B 노선의 확장으로 개발 시 막대한 이익을 예상할 수 있는 소위 '노른자 땅'이다. 게다가 하남-포천 간 민자고속도로 착공이 불과 2년 앞으로 다가온 시점에서 개발이익은 예상하기조차 힘들다.

이를 예상한 이재명 전 경기도지사의 '토지거래허가구역' 지정을 비웃듯이 허가구역 제한이 종료되는 2024년 2월 살짝 지난 시점에서 민자고속도로가 착공된다는 점이 매우 주목할 만하다.

최은순은 1999년부터 2004까지 세 차례에 걸쳐서 송능리 임야를 구입했다. 최은순이 구매한 임야는 그린벨트 지역으로 묶여 있는데 최은순은 그동안 여러 차례 그린벨트 해제 시도를 했다. 하지만 당시 이재명 경기도지사는 그린벨트를 해제하기는커녕 해당 지역을 토지거래허가구역으로 지정했다.

토지거래허가구역 내에는 최은순이 사들이 땅 외에도 삼부토건 조남욱 회장의 일가인 풍양 조씨 종중 땅이 들어가 있다. 최은순은 이 땅을 2018년 본인의 회사인 ESD&I 명의로 돌려놓았다. 최은순 일가의 가족 회사로 이사 명단에는 최은순, 김건희를 포함해서 김건희의 오빠와 남동생, 언니까지 최은순 슬하의 4남매가 모두 들어가 있다.

최은순은 남양주 진건읍 송능리의 땅을 산 뒤에 주소를 양평군 강상면으로 옮겼는데, 아마도 이번에 문제가 된 하남-양평 고속도로 인근의 농지, 임야를 취득하기 위한 위장전입으로 보인다. 특히 남양주 땅에는 2015년 근저당권자로 신안저축은행이 있다는 것이다. 최은순의 그 유명한 허위 잔고증명서가 바로 신안저축은행에 잔고가 있다는 문서였다. 지금은 이름을 바꿔서 바로저축은행이다.

최은순이 이곳에 임야를 사들인 이후 어떻게 왕숙 신도시 개발 사업이 추진되어 대박을 터트리게 되었는지 의심스럽다. 공교롭게도 최은순이 땅을 사면 그곳은 가치가 폭등할만한 호재가 터지는지 의아할 따름이다. 토지 개발에 대한 사전 정보 없이는 불가능해 보이기 때문이다.

이상한 고속도로 휴게소

윤석열의 정치는 처가 식구들의 이권만 챙겨준 것만이 아니다. 윤석열은 자신의 친구들 챙기기에도 바쁘다. 검사, 판사, 변호사 등 법조계에 있다면 한자리씩 나눠주고 있다. 전문성 이런 거 필요 없다. 군이 판검사가 아니어도 실망할 필요 없다. 사업체를 갖고 있다면 많은 것을 기대할 수 있다.

'김건희 고속도로'로 알려진 하남-양평 고속도로 종점부와 연결 예정인 구간에 있는 휴게소 건립·운영 업체 대표가 윤석열의 대학 동문으로 알려졌다.

이 휴게소는 윤석열 처가 땅들이 몰려 있는 강상면 병산리 일대에 있고, 윤석열 정부가 변경한 양평고속도로 종점과는 약 1㎞ 거리에 불과하다.

수입 보장 방식도 이상하다. 도로공사가 85%의 자금을 들여 건립했는데 갑자기 대통령 동문의 민간 회사가 15%만 투입해 수익권을 보장받는 방식으로 변경됐다.

23개 민자 휴게소의 경우 건물과 시설 모두 민간이 100% 투자했다. 윤석열 대통령과의 연관성이 있는 이곳 남한강 휴게소만 유일한 예외이다. 윤석열 정권에서 이런 우연쯤은 얼마든지 일어나도 이상하지 않다.

'선거는 패밀리 비즈니스'라고 대선 경선 후보 당시 윤석열은 고백했다.

처가 땅으로 고속도로 종점을 변경한 것도, 인근 휴게소를 대학 동문에게 주는 것도 '패밀리 비즈니스'냐고 묻고 싶다.

국민 혈세로 만들어진 국가 예산은 대통령의 쌈짓돈이 아니다. 윤석열은 가족과 지인을 위해 절차를 거쳐 결정된 고속도로 노선을 바꾸고, 휴게소를 맡겼는지 분명히 답해야 한다.

대통령을 할 것이 아니라 친목회 회장을 해라

윤석열은 후보 시절에 문재인 대통령이 낙하산 인사를 한다면서, 자신은 절대 낙하산 인사를 하지 않을 것이라고 얘기했다. 하지만 지금 윤석열은 거의 모든 부처에 검사나 자신의 친구들을 내리꽂고 있다.

최근 윤석열은 헌법재판소 소장에 자신의 대학 동기인 이종석을 지명했다.

윤석열은 국가 경영에는 관심이 없어 보인다. 이재명 때려잡기와 처가 식구들 챙기기, 그리고 검사 챙기기, 동문 챙기기에 여념이 없다. 윤석열에게 대통령직은 버거워 보인다. 친목회 회장을 한다면 회원들에게 고루고루 사랑받는 훌륭한 리더가 될 것이다.

윤석열이 위해서라도 탄핵이 정답이다.

중전 김건희를 폐서인하고 위리안치하라

아내 역할만 충실하겠다던 김건희

대통령 선거 당시 김건희의 허위 이력이 터졌다. 마침내 김건희는 2021년 12월 26일 기자회견을 자청해서 "잘 보이려고 경력을 부풀리고 잘못 적은 것도 있었습니다."라며 "남편이 대통령이 돼도 아내의 역할에만 충실하겠다."며 울먹였다.

하지만 김건희의 아내 역할만 하겠다는 말은 거짓말이었다. 대통령실은 제2부속실을 없애고 대통령실 예산을 영부인이 쓸 수 있도록 했다.

대통령실에서 내놓은 사진을 보면 김건희가 대부분 센터에 등장한다. 누가 대통령인지 의심스러울 정도이다.

대통령실에서는 윤석열과 김건희를 'V1', 'V2'라고 부른다고 한다. 김건희가 국정 전반에 관여하고 있다는 의심이 많이 든다. 오죽하면 대통령의 호감도보다 김건희의 호감도가 더 떨어지겠는가? 그만큼 김

2023년 1월 14일 UAE 국빈 방문

건희가 나대는 것을 국민이 곱지 않게 보고 있다는 것이다.

결론부터 먼저 얘기하면 스스로 왕이라고 생각하는 윤석열은 김건희를 폐서인하고 서울교도소에 위리안치해야 할 것이다.

도이치모터스 주가조작

김건희 특검법의 핵심인 도이치모터스 주가조작은 2009년 12월부터 2012년 12월까지 약 3년간 김건희와 윤석열의 장모 최은순을 포함하여 도이치모터스 임직원, 주가조작 세력, 투자자문사, 전현직 증권사 임직원들이 91명 명의의 계좌 157개를 동원하여 101건의 통정매매 및 기장매매와 3,083건의 현실거래를 통해 2,000원 후반이었던 주가를 8,000원까지 끌어올린 경제 범죄이다. 검찰은 3년간 시세조종

2011년 서울대 AFP 원우수첩

행위를 '하나의 범죄'인 포괄일죄로 기소하였다.

김건희는 주가조작 연루 의혹을 부인하며 "단순 투자를 맡겨 손해를 봤다"고 주장하였다. 김건희는 2011년 서울대 인문대학 최고지도자 인문학과정AFP에 현직 도이치모터스BMW코리아공식딜러사 제품 및 디자인전략팀 이사로 재직했다고 이력을 제출했음이 밝혀졌다. 내부 정보를 이용한 주가조작으로 의심되는 상황이다. 이에 국민의힘은 "이사로 활동한 것은 맞지만 비상근·무보수직이었다"라고 해명하였다.

주가조작 방법 중 통정매매라는 것은 미리 정해진 가격과 시간을 서로 미리 알려주고 주식을 거래하여 마치 주식의 거래량이 증가하고 가격이 상승하는 것처럼 보이도록 시세조종 혹은 조작하여 다른 투자자들이 조작된 가격에 주식을 사도록 유도하고 이를 통하여 이익을 얻는 방식의 금융 범죄이다.

2010년 11월 3일 최은순과 도이치모터스 임원 A씨는 같은 IP로 접속하여 최은순은 6만 2천여 주, 11초 후 A씨는 2만 5천여 주를 팔고 32초 후 최은순의 딸인 김건희가 약 9만 주, 3억여 원의 도이치모터스 주식을 매입했다는 것이 재판과정을 통해서 밝혀졌다.

2010년 10월 28일 전직 증권사 직원 김모 씨는 투자자문사의 임원

민모에게 "12시에 3,300원에 8만 주 때려달라"는 문자 메시지 요청을 했고, 7초 후 김건희는 전화로 대신증권 계좌에서 도이치모터스 주식 8만 주를 3,300원에 팔았고, 이 주식을 민 이사 등이 사들인 것이 밝혀졌다.

재판과정에서 검사는 민모 이사에게 질문을 한다.

검사: 2010년 10월 28일 문자메시지로 김ㅇㅇ이 '12시에 3,300에 8만 개 때려달라고 해주셈'이라고 보냈고 증인은 '네, 준비시킬게요' 라고 보낸 것 맞나요?
민ㅇㅇ 이사: 네
검사: 11시 44분 문자로 김ㅇㅇ으로부터 '매도하라 하셈' 문자가 온 뒤 7초 뒤 김건희 여사 명의 계좌에서 3,300에 8만 주 정확히 매도 주문 나오고 증인 민 이사 명의 계좌 등으로 매수됐죠?
민ㅇㅇ 이사: 네
(중략)
검사: 당시 김건희 여사 명의 대신증권 계좌는 김건희 여사가 직원에게 직접 전화해서 낸 주문이었어요.

2022년 5월 27일 공판에서 공개된 2010년 1월 12일 녹취록에 따르면 증권사 직원이 김건희에게 전화를 걸어 도이치모터스 주식을 매수할지 물었고, 김건희는 "사라고 하던가요? 그럼 좀 사세요"라고 답하였다.

1심 판결문에서 김건희의 계좌가 시세조종에 동원되었다는 사실이 확인되자, 대통령실은 "계좌가 활용됐다고 해서 주가조작에 가담했다는 것은 아니다"라는 주장과 함께 민주당이 판결문의 내용을 자의적으로 해석해 공격하고 있다며 범죄사실을 부인하고 있다.

이렇게 공판 과정에서 명백하게 김건희가 주가조작에 가담했음이 밝혀졌음에도 불구하고 다른 공범들은 모두 기소 되어 유죄판결을 받았으나 김건희와 최은순은 기소조차 되지 않고 있다.

법은 대한민국 국민 모두에게 공평하게 적용해야 한다. 하지만 대통령의 부인이라는 이유로 검찰은 기소는커녕 수사도 하지 않고 있다. 살아 있는 권력 박근혜를 수사해서 인기를 얻어 대통령까지 된 사람이 윤석열 아니던가.

한동훈의 검찰은 김건희의 주가조작을 수사할 의지가 없다. 이처럼 검찰이 수사할 의지가 없을 때 대한민국 헌법은 국회의 의결이 있으면 특별검사를 임명해서 수사할 수 있도록 해 놓았다.

김건희 특검법 표결

김건희 특검법은 2023년 4월 말 '50억 클럽 특검법'과 함께 신속처리안건패스트트랙으로 지정되었다. 마침내 12월 28일 본회의에서 통과를 앞두고 있다.

여론조사 꽃에 의하면 김건희 특검법에 대한 찬성은 68.2%로 반대 23.9%을 압도하고 있다. 보수의 텃밭이라는 대구 경북에서조차 60% 이상으로 찬성하고 있다.

1차 표결은 국회 재적의원 과반 출석에 과반 찬성으로 통과되기 때문에 무난하게 통과될 것으로 보인다. 하지만 윤석열은 거부권을 행사하여 국회에 재의를 요구할 가능성이 매우 높다. 재의 요구시 통과되기 위해서는 200표를 확보해야 하는데 야당만으로는 통과시킬 수 없다. 반드시 국민의힘에서 20표 이상의 이탈표가 나와야만 한다.

김건희 특검법은 민주당 입장에서는 꽃놀이패가 될 가능성이 높다. 가장 좋은 것은 윤석열이 거부권을 행사하지 않는 것인데 이혼을 각오하지 않는 한 불가능할 것으로 보인다. 만일 윤석열이 거부권을 행사하지 않는다면 국민의힘 총선전략에서는 최상의 시나리오가 될 가능성이 높다. 공정한 법 집행을 하는 윤석열 정권으로 포장하면서 선거 국면의 전환을 시도할 수 있기 때문이다. 국민의힘 의원들은 거부권을 행사하지 않기를 간절히 바라겠지만 대통령이 가출하지 않고는 불가능하다. 우스갯소리로 대통령의 신변안전을 장담할 수 없는 지경이라고 할 수 있다. 그래서 윤석열은 거부권을 쓸 수밖에 없다.

거부권을 쓰고 나면 재앙 같은 가시밭길이 윤석열 부부와 국민의힘을 기다리고 있다. 일단, 총선을 앞두고 그동안 거부권을 남발해 온 윤석열이 자기 부인에 대한 특검법까지 거부할 시 그 역풍은 상상이 안 될 정도로 심각할 수밖에 없다.

12월 28일 국회 본회의에서 특검법이 통과하면 대통령은 15일 이내에 특검법을 받든지 거부하든지 결정해야 한다. 그러면 그때가 1월 10일 경이 된다. 윤석열은 국민의힘이 총선에서 역풍을 받는 것에 아랑곳없이 거부권을 행사할 것으로 보인다.

재의 요구가 있을 시 재적의원의 과반 출석과 3분의 2 이상의 찬성으로 통과되는데 이때 표결은 무기명으로 하게 되어 있다. 다시 말해 윤석열은 누가 찬성했는지 반대했는지 정확한 명단을 모른다는 것이다.

윤석열은 2024년도 공천 심사를 최대한 미루면서 낙천 대상자들의 반란을 진압하려 할 것이다. 윤석열이 공천을 좌지우지하는 상황에서 반란을 도모할 수 없을 것으로 보기 때문이다. 하지만 맹점이 있다. 국민의힘은 총선 일정상 무작정 공천 심사를 미룰 수 없다. 대통령은 국회의 표결이 있은 후 15일 이내에 거부권을 행사해야 하지만, 국회는 재의요구가 있을 시 언제까지 표결해야 한다는 규정이 없다.

민주당은 국민의힘 공천 심사가 끝나고 탈락자 결정된 이후 재의결을 추진하면 된다. 지금처럼 검사들이 대거 좋은 자리를 꿰차기 위해 텃밭에 있는 현역을 몰아낸다면 그들은 윤석열에 앙심을 품고 반란표에 가담할 가능성이 매우 높다. 민주당으로서는 승산이 매우 높다. 설사 재의결에서 특검 설치에 실패한다고 하더라도 그 책임은 윤석열과 국민의힘이 질 수밖에 없기에 총선에서 매우 유리한 고지를 점할 수 있다. 그때는 윤석열 정권의 조기 퇴진으로 총선전략을 짤 수 있을 것이다.

리투아니아 명품샵 쇼핑

윤석열 부부는 나토 회의에 참석하기 위해 리투아니아를 방문 중 김건희가 한가하게 명품 쇼핑을 한 것이 현지 언론인 주모네스를 통해 보도되었다.

김건희는 2023년 7월 11일 명품 브랜드를 모아 파는 편집매장인 두 브롤리아이Du Broliai를 방문했다.

주모네스의 기사에 따르면 두 브롤리아이의 매니저 안드리우스 얀카우스카스가 "(김건희는) 예고 없이 방문했다. 일행은 모두 16명이었고 6명은 가게 바깥에 있었고, 10명은 가게 안에 있었다"고 말했다. 주모네스는 "한국 대표단 몇 명이 김 여사 방문 다음 날 두 브롤리아이에 다시 와서 추가로 물건을 구매했다"며 김 여사가 무엇을 사고 얼마를 썼는지는 밝혀지지 않았다고 전했다. 주모네스는 김건희 측이 인근에 위치한 해당 샵의 다섯 군데 지점을 모두 들렀다고도 했다.

이에 대해 대통령실 핵심 관계자가 "김 여사가 가게에 들어가서 구경은 한 것은 맞고 안내를 받았지만, 물건은 사지 않았다. 들어갈 의도가 있었던 것이 아니라 가게 인물이 호객을 했다"는 취지로 해명했다.

매장 측에서 16명이나 되는 경호원들의 경호를 뚫

두 브롤리아이(Du Broliai)를 방문 중인 김건희

고 호객행위를 했다는 것을 누가 믿겠는가? 그것도 5군데 매장을 모두 방문했다는 것은 더욱 이해되지 않는다. 영부인이 호객을 당할 동안 경호원들은 뭘 하고 있었다는 것인가? 대통령실 핵심 관계자의 어이없는 변명에 기가 막힐 뿐이다.

도대체 이들 부부에게 해외순방의 의미는 무엇인지 묻지 않을 수 없다. 영부인은 바보처럼 호객행위나 당하고, 대통령이란 자는 가는 곳마다 퍼주기에 정신없을 정도로 호구 외교를 하고, 둘 중 누구 하나 제정신인 자가 없다.

명품 뇌물 수수

유튜브 매체 '서울의 소리'가 2023년 11월 27일 김건희가 명품 선물을 수수하는 영상을 공개한 이후 세간은 떠들썩한데 언론과 사정기관은 너무나 조용하다. 대부분의 언론은 김건희의 명품 백 수수의 심각성은 무시한 채 함정 취재라면서 취재 방식에만 관심이 있다. 그만큼 언론이 썩었다는 것이다. 만일 문재인 정부 시절 김정숙 여사가 명품을 수수했다면, 이재명 대표의 부인 김혜경 여사가 수수했다면 어떠했을까? 김혜경 여사가 법인카드로 78,000원어치 소고기를 먹었다면서 한 달 내내 지지고 볶던 언론은 지금 어디에 있는 건가? 이러니 기레기 소리를 듣는 것이다.

'서울의 소리'에서 이 기사를 보낸 장인수 기자는 원래 MBC 기자였는데, 이 기사를 방송으로 내보내기 위해 MBC에 사표를 내고 나왔다고 한다. MBC 뉴스 데스크에서 이 기사를 내보낼 수 없다고 했기 때문이다.

명품을 전달한 최재형 목사의 말에 의하면 "이미 사전에 명품이 아닌 저가의 선물의 경우 답이 없던 김건희 씨 측이 명품 선물을 예고하고 나서야 면담을 허락했고, 이미 고가의 선물을 받은 전력이 있었으며, '대통령 부인의 인사청탁 정황' 등 몰래 촬영이 아니면 취재가 불가한 의혹을 목격했기 때문에 불가피한 취재"라고 맞서고 있다. '함정으로 만든 상황'이 아니라 '이미 발생한 비위'에 '접근'했다는 취지다.

함정이라 함은 명품 백을 받을 의사가 없었는데 교묘히 주었을 때나 해당된다. 그런데 최재형 목사는 명품을 전달하기 전에 이미 카톡으로 명품 사진을 찍어서 보냈다. 김건희는 저가 물건을 카톡으로 사진 찍어 보내면 읽고도 답장을 안 했다. 흔한 말로 '읽씹'을 했다. 그런데 180만 원짜리 샤넬 향수와 화장품 세트를 선물하겠다고 했을 때와

300만 원짜리 디올 명품 백을 사진으로 보냈을 때는 미팅이 잡혔다.

문제의 동영상에 따르면 최재형 목사는 대통령의 임기가 시작된 후인 2022년 9월 윤석열 김건희 부부가 거주하는 아크로비스타 지하에 있는 코바나 컨텐츠 사무실로 디올 백을 들고 찾아갔다.

이 사건이 있기 전인 3개월 전인 6월에도 180만 원 상당의 세넬 향수와 화장품 세트를 들고 방문했다고 한다. 그때가 최재영 목사와 김건희의 첫 만남이기도 했다. 이날 김건희는 비서들을 시켜 선물을 뜯게 했고 직접 샤넬 제품들을 확인했다고 한다.

최재형 목사는 "김건희 여사를 만났을 때 금융위원 임명과 관련한 통화를 하더라."라고 말했다. 그래서 김건희가 인사청탁을 받는 상황이었기에 서울의소리 이명수 기자와 상의 끝에 다음에 만날 때는 녹화를 하자고 결론을 지었다고 했다. 그래서 문제의 동영상에 나오는 디올 명품 백은 서울의소리 측에서 준비했다고 밝혔다.

두 번째 만날 때 최재형 목사는 소형 카메라가 담긴 손목시계를 통해 몰래 촬영했고, 김건희가 있는 곳 지하에서 경호 인력들의 검문이 있고 휴대폰 등 기기들을 모두 제출했지만, 손목시계는 걸리지 않았다고 한다.

영상 속에서 김건희는 "이걸 자꾸 왜 사오세요? 자꾸 이런 거 사오지 마세요."라고 말했는데 이를 통해 김건희가 뇌물성 선물을 받은 것이 한번이 아니라는 의혹이 불거졌다.

최재형 목사와 이명수 기자는 명품 백을 받는 김건희에 대해서는 별

관심이 없었다고 한다. 명품을 좋아하는 김건희라는 것은 세상이 다 아는 사실이니 명품 백을 미끼로 이용해서 인사청탁 같은 국정개입의 증거를 찾고 싶었다고 한다. 그런데 두 번째 미팅에서는 국정 개입의 증거가 될만한 발언이 없었다. 그래서 1년도 더 지난 이 사건이 이제야 세상에 알려지게 된 것이다.

그런데 명품 백을 받은 것은 분명한 뇌물 수수이다. 김영란법 위반의 소지도 있다.

모든 논란은 앞으로 밝혀질 것이다. 그런데 필자는 김건희가 대통령 부인으로서 왜 명품을 탐내는지 이해할 수가 없다. 대통령이 되는 순간 소유하고 있는 명품도 두고 다녀야 하는 것이 국민 정서란 것을 모른단 말인가?

윤석열은 자신이 조선시대 왕이라도 된 것처럼 무소불위 권력을 휘두르고 있다. 법은 무시하고 시행령 통치를 일삼고, 국회는 거부권으로 무시하고 있다.

조선시대 같았으면 중전 김건희를 폐위하라는 상소가 빗발쳤을 것이다. 지금도 김건희를 손절하라는 요구가 빗발치고 있다. 현명한 왕이라면 중전 김건희를 폐서인하고 서울교도소에 위리안치해야 할 것이다.

한동훈의 잡범 범죄사실 목록

나대는 법무부 장관

한동훈 법무부 장관은 2023년 9월 18일 단식 18일째 녹색병원으로 이송된 이재명 대표에 대한 구속영장을 청구하면서 "수사받던 피의자가 단식한다고 해서, 자해한다고 해서 사법 시스템이 정지되는 선례가 만들어지면 안 된다. 그러면 앞으로 잡범들도 이렇게 할 것"이라고 말했다.

한동훈은 이재명 대표의 영장을 청구하면서 이재명 대표를 잡범에 비유했다. 역대 법무부 장관이 이처럼 나대는 것도 처음 본다. 법무부 장관이 나대다 보니 정작 검찰 총장이 누구인지도 모를 정도이다. 법무부 장관이 수사 검사처럼 말하고 있다.

이재명 대표가 검사들로부터 조사받고 있는 내용은 잡범이 아니다. 그리고 잡범에 비유하며 구속영장을 청구했던 혐의에 대해 법원은 대부분 증거, 소명이 부족하다며 기각했다.

이재명 대표가 잡범이 아니라, 오히려 수사권과 기소권을 가지고 장난을 치고 있는 검사가 동네 깡패에 가깝다. 이 말은 윤석열이 검사 시절에 한 말이다.

누가 잡범인가?

한동훈은 툭하면 자신 있게 이재명 대표의 피의사실을 공표해서 비난을 사고 있는데, 필자도 한번 한동훈 잡범의 피의사실을 열거해 보도록 하겠다. 과연 누가 잡범인지 한동훈은 스스로 살펴보기를 바란다. 그리고 조국 장관을 수사했던 그 기개 그대로 검찰은 한동훈을 수사해야 할 것이다.

위장전입

한동훈은 배우자 진은정과 함께 2004년 7월 19일 서울시 강남구 삼성동 삼부아파트에 전입했다. 3년 뒤 2007년 5월 16일 두 사람 중 진은정만 경기도 구리시 인창동 주공아파트로 주소지를 옮겼다. 지방으로 주소지를 옮기면 차량을 구매할 때 사야 하는 도시철도채권 매입 비율이 낮아지기 때문에 총비용을 줄이기 위해서였다.

한동훈 측은 "진씨가 2007년 차량을 사면서 자동차 딜러판매업자에게 위임장 등 서류 일체를 제공해 매수 및 등록 절차를 일임했다"며 "자동차 딜러가 공채 매입 과정에서 진씨의 주민등록을 일시 이전했던 것으로 보인다. 당시 차량 매입 시 그런 일들이 꽤 있었다."고 말했다.

당시 그런 일이 꽤 있었다는 것을 필자는 이번에 처음 알았다. 몇십만 원 비용을 아끼려고 위장전입까지 하는 거야말로 잡범들도 안 하는 치졸한 방법이다.

주민등록법 제37조 제3의2호 위반

휴대폰 비밀번호 공개 거부

한동훈은 채널A 검언유착 의혹 사건의 피의자로 조사를 받았는데 당시 검찰은 이 사건을 2021년 4월 6일 무혐의 처분하면서 "아이폰 비밀번호를 22개월간 알려주지 않았고, 수사팀도 휴대폰 포렌식 기법을 동원해 해제하려 했으나 실패했기 때문"이라고 했다.

검찰은 범죄행위에 대해서는 충분한 정황을 확인했으나, 비밀번호를 해제하지 못해서 증거 수집에 실패했다. 일반 잡범이라면 자신에게 불리한 증거에 대해서 감출 수도 있다. 그것은 정당한 방어권에 해당한다. 그러나 국가공무원인 경우는 다르다. 국가공무원은 자신의 방어권보다 더 소중한 것은 공무원으로서의 자세가 더욱 중요하다.

국가공무원법 위반

부천 상가건물 불법 증축

송기현 더불어민주당 의원은 2022년 5월 한동훈 법무부 장관 인사청문회에서 한동훈이 소유한 부천시 오정동에 있는 건물의 난간 위에 컨테이너와 합판, 철조물로 이루어진 불법 건축물이 있다고 지적했다.

이에 한동훈은 "제 건물에 대해서는 말씀하신 취지, 제가 이번에 상세히 봤다. 문제가 있는 부분에 대해서 즉시 시정하겠다"고 답했지만, 약 1년이 지나도록 사후 조치는 없었다.

건축법 제11조 위반

편법 증여

한동훈은 사법연수원을 수료한 1998년 3월 서울 서초구의 한 아파트를 샀다. 한동훈은 검사 임관 전에 자신의 모친이 돈을 빌려주고 근저당권을 설정한 아파트를 매입했던 것으로 보인다.

전 주인 정 모씨는 한동훈이 아파트를 매입하기 한 달가량 전에 소유권보존등기를 했고, 이때 한동훈의 모친인 허 모씨는 정씨에게 돈을 빌려주고 채권최고액 1억 2천만 원의 근저당권을 설정한 것으로 전해졌다. 근저당권은 한동훈이 아파트를 사고 한 달이 지나자 해제된다.

참여연대는 이에 대해 명의신탁과 증여세 탈루 의혹을 제기했다.

조세범 처벌법 제3조 위반

농지 불법 소유

한동훈 일가는 강원 춘천시와 경기 용인시의 농지를 상속·증여받고 장기간 소유하다 매각해 농지법을 위반했다는 의혹경향신문 4월18일 보도도 있다.

한동훈은 2004년 아버지의 사망으로 강원도 춘천시에 있는 농지를 상속받아 13년 뒤 매각했다. 한동훈의 어머니와 누나 부부도 2008년 친척으로부터 경기 용인시 농지를 증여받아 9년 뒤 매각했다. 농지법은 농사를 짓지 않는 사람이 농지를 소유하는 것을 금지한다. 이는 조선시대에도 있었던 '농사꾼에게 땅을 주어야 한다'는 '경자유전耕者有田의 원칙'이다.

한동훈은 '10,000㎡ 이하의 상속 농지는 처분하지 않아도 된다'는 2019년 대법원 판결을 인용해 "상속 농지는 농사를 짓지 않아도 처분 대상이 아니다"라고 했다. 하지만 대법원 판결 이전에 한 후보자가 농지를 소유했을 때는 상속 농지도 1년 이내에 처분해야 했다. 명백한 불법 소유이다.

농지법 제6조 위반

삼풍 아파트 전세금 43% 인상

2020년 7월 30일 국회는 이른바 '임대차 3법'이라 불리는 주택임대차보호법 개정안을 통과시켰다. 이사 걱정 없이 살 수 있는 '거주 보장 기간'을 2년에서 4년으로 늘리고 인상할 때는 5% 상한선을 두며 전월세 거래 내역을 신고하는 내용을 담고 있다.

한동훈 소유의 아파트에 임차인은 전세금 12억 2천만 원을 내고 살고 있었다. 한동훈은 17억 5천만 원에 임차인과 재계약했다. 5억 3000만 원을 올렸다. 무려 43% 인상액이다. 자신이 전세 사는 집에서는 갱신권을 행사해 5%만 올려줬다. 내로남불의 전형이다.

임차인에 따르면 한동훈이 원래 내놓은 전세가는 18억 5천만 원이었다. 임차인이 깎아 달라고 해서 1억 낮춰 계약했다. 12억 2천만 원의 전세가를 18억 5천만 원에 내놨다는 얘기다. 무려 51.6% 인상안이다.

한동훈은 임차인이 이사 계획을 철회했기 때문에 '갱신 계약'이 아니고 '새로운 계약'이라고 주장한다. 살고 있던 임차인이 계획을 바꿔 계속 살겠다고 했다면 갱신 계약임에 틀림 없다. 임차인이 다른 사람으로 바뀌었을 때 '새로운 계약'이라는 말을 쓴다.

주택임대차보호법 제7조 제2항 위반

타워팰리스 임차

한동훈은 2015년 6월부터 2017년 6월까지 전세로 거주한 서울 강남구 도곡동 타워팰리스48평형·124,641㎡의 소유주가 삼성물산 부사장 출신의 한 임원이었다.

최순실 특검 당시에 삼성물산 고위 임원의 집을 임차했다는 것은 우연이라 보기엔 너무 의심스럽다. 실질적으로 전세가 아니라 삼성물산에서 제공한 편의가 아닌지 의심이 간다.

한동훈은 2017년 6월부터 현재 살고 있는 타워팰리스로 이사했는데 이 아파트의 최초 소유자가 삼성전자와 삼성SDI였고, 지금은 골드만삭스의 사외이사이자 사내 변호사를 맡고 있는 A씨가 소유 중이다. A씨는 한동훈의 사법연수원 동기이자 서울대학교 법학과 선후배 사이이기도 해 매우 석연치 않다.

만일 자신이 아니라 이재명이었다면, 뇌물이라고 구속영장을 청구할 만한 상황이었을 것이다.

공직자윤리법 제2조의2항 위반

조국 털듯이 한동훈을 털어라

윤석열은 검찰 총장 시절 자녀의 표창장이 위조되었다면서 조국을 털었다. 한동훈의 자녀는 자신이 쓰지도 않은 논문의 저자로 이름을 올려서 해외 유명 대학에 입학하기 위한 스펙으로 활용하려 했다. 한동훈은 입시에 사용할 계획이 없었다고 해명했다. 조민의 표창장 역시 부산의전원에서 활용하지 않았다고 했는데도 유죄를 받았다. 조민처럼 한동훈의 자녀를 수사하는 것이 공정이고 정의이다.

한동훈의 수두룩한 범죄 사실로 본다면 잡범은 정작 본인이 아닐까 생각한다.

윤석열의 영어 사랑

지구상에서 가장 과학적인 문자 한글

2023년 10월 9일은 577돌 한글날이었다.

지구상에는 대략 6천 개의 언어가 존재한다. 하지만 이를 기록하는 문자는 불과 50개에 불과하다. 50개의 문자 중에서 발명의 목적, 원리, 발명의 시기가 정확하게 기록된 것은 한글 단 하나에 불과하다. 한글은 세계의 문자 중에서 가장 늦게 만들어진 문자이다. 가장 늦게 만들어진 것에도 기인할 수 있겠지만, 한글은 지구상에 존재하는 문자 중에서 가장 과학적인 문자이다. 만일 한글이 창제되었을 때는 사용했으나 지금은 사용되지 않는 자음 '아래아(ㆍ), 반치음(ㅿ), 옛이응(ㆁ), 여린히읗(ㆆ)'을 사용한다면 세상의 모든 발음을 표시할 수 있을 것으로 보인다.

훈민정음의 창제 목적은 "나라말이 중국과 달라, 한문·한자와 서로 통하지 아니하므로, 어리석은 백성들이 말하고자 하는 바가 있어도, 끝내 제 뜻을 펴지 못하는 사람이 많다. 내가 이를 불쌍히 여겨, 새로 스물여덟 글자를 만드니, 사람마다 하여금 쉽게 익혀, 날마다 씀에 편하게 하고자 할 따름이다."라고 훈민정음해례訓民正音解例에 정확하게 나와 있다.

해마다 한글날이 되면 대한민국의 대통령은 별도의 메시지를 내었다. 하지만 윤석열은 2023년 별도의 메시지를 내지 않고 휴일을 즐겼다.

대한민국의 대통령이 한글날에 맞춰 메시지를 내는 것은 한글에는 세종의 애민 정신이 고스란히 담겨 있기 때문이다. 그렇다 보니 남과 북은 모두 한글날을 기념하고 있다. 우리 대한민국에서는 훈민정음이 반포된 날인 1446년 10월 9일을 '한글날'로 기념하고 있으며, 북한에서는 훈민정음이 만들어진 날인 1444년 1월 15일을 기준으로 '조선글날'로 기념하고 있다. 웬만하면 한글로 표기하는 북한이 한글 사랑에서는 한 수 위라고 볼 수도 있다. 우리나라는 회사명을 지을 때도 한글보다는 영어를 더 많이 선호하는 경향이 있다. 길거리의 간판만 보더라도 한글보다는 영어가 더 많아지고 있는 추세이다.

북한이 다소 극단적으로 한글을 사용하고 있다면, 한국은 반대로 영어를 무분별하게 사용하고 있다고 봐야 할 것이다. 그리고 무분별하게 영어 사용을 권장하는 사람이 다름 아닌 대통령 윤석열이다.

한국어가 촌스럽다는 윤석열

윤석열은 2022년 6월 10일 국민의힘 지도부와의 오찬 회동에서 용산시민공원 이름에 대해 "영어로 '내셔널 메모리얼 파크'라고 하면 멋있는데 '국립추모공원'이라고 하면 멋이 없어서 우리나라 이름으로는 무엇으로 해야 할지 모르겠다"고 말했다. 그러면서 윤석열은 "'내셔널 메모리얼 파크'로 이름을 지으면 좋겠다"고 말했다.

윤석열의 영어 사랑이 미국에 대한 사대주의에서 비롯된 것일지도 모른다. 어쩌면 사대주의보다는 '영어는 세련됐고, 한국어는 촌스럽다'는 구세대의 선입견이 윤석열의 무의식을 지배하고 있는 것이라고 생각한다.

10년 전 이명박 정부도 '아륀지오렌지'를 강조했다. 당시 이명박 정부는 영어의 일상 생활화가 중요하다고 했는데, 윤석열의 사고는 10년 전 그때에 멈춰 있다고 봐야 한다.

윤석열의 영어 연설

윤석열은 2023년 4월 27일 미국 의회에서 영어로 연설하였다. 한국 대통령이 미국 의회에서 영어로 연설한 경우는 여러 번 있었다. 하지만 대한민국을 대표하는 대통령이 공식 석상에서 영어로 연설하는 것에 대해 필자는 매우 비판적이다. 윤석열은 영어 연설을 위하여 며칠 동안 연습을 했다고 한다. 미국 의회에 가서 대한민국 대통령으로서 해야 할 일이 산더미 같은데, 매우 지엽적인 영어 연설을 위해 시간을 투자한다는 것은 매우 비효율적이다. 며칠 동안 연습을 하지 않으면 제대로 원고조차 읽을 수 없는 수준이라면 처음부터 하지 말았어야 했다. 영어로 된 연설문은 이미 배포되었으며, 동시통역으로도 얼마든지 해결할 수 있는 것이었다. 영어로 연설할 시간에 북한 문제라든지, 반도체 문제, 전기차 문제를 해결하기 위해 숙고를 해야 했다. 영어로 연설문을 읽는다고 해서 외교 성과가 더 좋은 것도 아니다. 실제로 이때 미국 방문을 통해 한국은 쥐꼬리만 한 것을 얻었으며, 미국은 태산보다 큰 한국 기업의 투자를 유치했다. 매우 초라한 결과를 영어 연설 이슈로 덮고 싶었던 것일까?

윤석열의 영어 연설은 2023년 월 20일 2030 세계박람회BIE 총회에서도 있었다. 이날 윤석열은 지각 논란으로 뜨거웠는데, 이날엔 윤석열의 영어 PT가 진행되었다. 한국 언론들은 윤석열의 영어 PT로 부산

고발뉴스 뉴스비평 851회

엑스포 유치에 청신호가 켜졌다고 호평하기 바빴지만, 이날 지각으로 부산의 엑스포 유치는 물 건너갔다고 봐야 한다. 윤석열은 영어로 된 PT보다 시간을 지키는 기본부터 지켰어야 했다. 결국 부산은 엑스포 유치에 실패하고 말았다.

윤석열은 2023년 11월 22일 미 의회에 이어 영국 의회에서도 영어로 연설했다. 연설이라기 보다는 대본을 읽은 것이라고 봐야 할 것이다. 대통령실은 이번에도 '영어 연설'을 대대적으로 홍보했고, 많은 국내 언론은 이를 긍정적으로 보도했다.

윤석열은 지난 4월 미국 방문에서는 바이든 앞에서 돈 맥클린의 〈아메리칸 파이〉를 부르기도 했다. 나쁘지 않은 선택이었다고 생각한다. 영어 연설보다는 오히려 참신했다.

전자정부에서 디지털플랫폼정부

윤석열의 영어 사랑은 여기서 그치지 않았다. 윤석열은 2023년 4월 14일 청와대 영빈관에서 디지털프랫폼정부 실현계획 보고회를 주재하고 구체적인 이행 계획을 보고 받았다. 이날 골자는 이미 존재하고 있던 전자정부를 통해 제공되던 서비스에 인공지능AI 기술을 접목하였다고 하는데 이를 디지털플랫폼정부라고 명명하였다.

디지털플랫폼과 전자 사이에 무슨 차별화가 있는지 굳이 윤석열 정부는 전자라는 한글 대신 디지털플랫폼이라는 영어를 사용하였다.

행정선산망 먹통 원인은 네트워크 장애

대한민국에서 전자정부 시스템이 작동한 이래 처음으로 행정전산망이 마비되는 사태가 발생했다. 2023년 11월 17일 윤석열과 이상민 행자부 장관이 외국에 나가 있는 사이 행정전산망이 마비되었는데 지금도 왜 그랬는지 정확한 원인이 파악되지 않고 있다. 그런데 여기서 지적하고 싶은 것은 사고가 발생한 이후 행자부에서 밝힌 원인이라는 것이 하도 어이없다는 것이다.

중앙일보에 속보가 떴는데 "'정부24' 등 행정전산망 먹통 원인은 네트워크 장애"라는 것이다. 국어와 영어를 교묘히 써서 아무 쓸데 없는 결과를 발표했다. '행정전산망=네트워크'이며 '먹통=오류'가 아니던가? 정부의 발표를 반대로 말하면 "네트워크 장애의 원인은 행정전산망 먹통"이라는 말인데 그 말이 그 말인 것이다. 장애를 에러로 표현하지 않은 것이 오히려 의아할 따름이다.

윤석열 정부의 영어 사랑이 도를 넘어섰다고 봐야 한다. 일제 강점기에도 우리의 조상님들은 한국어를 지키기 위하여 목숨을 걸고 싸웠다. 지금 현재 아파트 이름도 온통 영어로 되어서 나이 드신 부모님은 자식이 무슨 아파트에 사는지 외우질 못한다고 한다. 목숨 걸고 국어를 지킨 분들에게 죄송한 것은 물론이거니와 국어 파괴의 선봉에 대통령과 대한민국 정부가 있다는 것에 커다란 수치를 느낀다.

엑스포 유치전의 석패는 석열이의 패배

부산 엑스포 유치 실패

2023년 11월 29일 많은 기대를 모았던 2030년 부산 엑스포 유치가 불발되었다. 며칠 전까지만 해도 49대 51까지 사우디아라비아의 리야드를 따라잡았다면서 언론은 막판 역전이 가능하다고 분위기를 띄웠다. 용산에서는 축하 파티를 준비했다고 하며, KBS는 축하공연을 기획했다고 한다.

하지만 투표 결과는 참담함 그 자체였다. 리야드는 119표, 부산은 불과 29표, 레이스 도중 사실상 포기했던 로마는 17표였다. 대한민국 외교 역사상 이런 참패는 처음이었다. 대한민국이 그동안 올림픽이나, 월드컵을 유치한 경험이 있었고, 다양한 행사를 유치하기 위해 노력했으나, 탈락이 되더라도 아슬아슬하게 되었다. 이처럼 일방적인 참패는 한 번도 경험해 보지 못했다.

언론은 이런 참패에도 불구하고 석패라고 포장하고 있으니, 낯부끄

렵기 짝이 없다. KBS는 "엑스포 부산 석패"라는 뉴스를 내보냈다. 서울경제와 서울신문도 "부산 유치 불발… 사우디에 석패"라는 제목으로 속보를 내보냈다.

석패라 함은 조금만 더 뒷심을 발휘하면 이길 수 있었다는 의미이다. 그야말로 2% 부족한 패배가 석패다. 부산 엑스포 유치전의 패배는 석패라 할 수 없는 참패이다. 그야말로 국제적으로 망신을 당한 것이다. 언론은 석패를 '석열이의 패배' 줄임말로 사용한 것이라면 일면 수긍할 수 있다.

그렇다. 이번 부산 엑스포 유치의 실패는 석열이의 패배가 맞다. 이제부터 왜 윤석열의 패배인지 따져 보도록 하겠다.

엑스포란 무엇인가?

EXPO는 'Exposition internationale'의 줄임말로 세계박람회를 일컫는다. 올림픽, 피파 월드컵과 더불어 세계 3대 이벤트 중 하나이며, 규모 면에서 보면 올림픽과 월드컵을 훨씬 능가한다. 경제 효과도 상상을 초월해서 각국은 엑스포를 유치하기 위해 치열한 외교와 로비를 펼친다.

엑스포에는 세계 각국이 참여하여 각국의 생산품을 합동으로 전시하는 것으로 1851년 런던 엑스포를 기원으로 하며, 1928년 파리에서 체결한 국제박람회 조약에 따라 5년마다 열리며, 주로 공업 제품, 미술 공예품 등을 출품한다.

엑스포는 0과 5로 끝나는 해에 열리는 등록 엑스포와 그 사이에 열리는 인정 엑스포가 있다. 등록 엑스포는 6개월간 열리며, 참가국이 각자의 비용으로 전시관을 건립한다. 인정 엑스포는 최대 3개월간 열리며 주제가 명확해야 하며, 전시관은 개최국이 건설하여 무상으로 제공해야 한다. 전시 공간은 25만m^2 이내로 제한된다.

우리나라에서는 1993년 열린 대전 엑스포가 인정 박람회 규모의 두 배에 해당하는 50만m^2여서 정확히 들어맞지 않았지만, 나중에 인정 박람회로 소급 적용되었다. 2012년 여수 엑스포는 인정 박람회 규정에 정확히 들어맞았다.

그동안 열린 엑스포에서 소개된 기술을 보면 다음 표와 같다.

엑스포는 주로 기술 선진국들이 자신의 최신 기술을 자랑하고 그 기술을 토대로 막대한 투자를 유치하는 자리이다. 그렇다 보니 개최국은

박람회	소개된 기술
1851 런던 엑스포	크램튼의 증기 기관차 엔진
1853 뉴욕 엑스포	오티스의 엘리베이터
1876 필라델피아 엑스포	알렉산더 그레이엄 벨의 전화기, 하인즈의 공산품 토마토케첩
1878 파리 엑스포	에디슨 전구 및 축음기
1885 안트베르펜 엑스포	자동차
1893 시카고 엑스포	브라우니
1904 세인트루이스 엑스포	동력 비행기, 아이스크림콘
1939 뉴욕 엑스포	TV, 나일론, 플라스틱, 녹음기
1970 오사카 엑스포	무선전화기, IMAX

주로 미국, 영국, 프랑스, 일본 등 기술 선진국이었다. 미래의 기술을 보여주는 자리로 관광객이 많이 몰린다.

경제 효과만으로 봤을 때도 올림픽이나, 월드컵에 비해서 비교가 안 될 정도로 높다. 당연히 많은 나라들이 유치하고 싶어 하는 이벤트이다.

부산에서 2030년 엑스포를 유치해서 부산이라는 지역 발전뿐만 아니라 대한민국의 발전에도 견인차 구실을 하고 싶어 했으나, 결과는 유치 실패였다.

그렇다면 부산은 왜 유치에 실패했을까?

부산이 리야드에 비해서 뒤늦게 뛰어들었다?

윤석열 정부는 부산이 2030 엑스포 유치를 위해서 뒤늦게 뛰어들어서 후발 주자였다고 말하고 있다. 하지만 이 말은 거짓말이다. 2030 엑스포 신청 마감은 2021년 10월 29일이었는데, 사우디아라비아 수도 리야드는 신청 마감일에 유치 신청서를 냈다. 리야드가 가장 나중에 뛰어들었다.

이에 비해 부산은 2021년 6월 23일 프랑스 파리 국제박람회기구BIE 사무국을 방문해 '2030년 부산 월드 엑스포 유치 신청서'를 제출했다. 리야드에 비해 무려 5개월이나 빨랐다. 부산은 엑스포 유치 신청서를 내기 훨씬 이전부터 유치를 위한 분위기를 띄우고 있었다.

문재인 대통령도 2022년 1월 17일 2020 두바이 월드 엑스포 '한국의 날' 행사장을 찾아 2030 부산 엑스포 유치에 대한 의지를 피력했다. 보통 엑스포는 세계 대륙을 순회하면서 개최된다. 2020 월드 엑스포가 아랍에미리트UAE에서 열렸고, 2025 월드 엑스포는 일본의 오사카에서 열리는 만큼 아시아보다는 유럽이 좀 더 유리할 것으로 생각되었다. 하지만 경쟁국인 이탈리아 로마가 레이스 도중 중도에 사실상 포기해버리고 말아서 리야드와 부산으로 압축되었다.

문재인 정부 때까지만 해도 후발 주자인 리야드보다는 먼저 준비를 시작했던 부산이 유리했다.

언론은 부산이 리야드를 막판에 역전할 것처럼 보도하고 있었으나, 엄밀하게 말하면 부산이 리야드에 역전당해 굳어진 것이다. 부산이 리야드를 역전시키지 못한 것을 분석하는 것보다, 왜 유리한 상황이었던 부산이 리야드에 역전당하고 119대 29라는 참패를 당했는가를 분석해야 할 것이다. 그 과정을 보면 자살골로 망했다고 해야 할 것이다. 대한민국 영업사업 1호의 형편없는 영업 방식이 빚어낸 참극이자, 대한민국이 이런 대형 이벤트를 주최할 역량이 아니라는 것을 보여준 일련의 사건들이라고 봐야 한다.

이태원 참사

2021년 10월 29일 밤 이태원에는 할로윈 데이를 즐기기 위해 다양한 국적의 젊은이들이 몰려들었다. 해마다 이태원에는 할로윈 데이를 즐기려 인파가 넘쳐났다. 그래서 그 이전에는 경찰을 배치하고 인파의

이태원 참사로 인한 희생자 국적별 기준

국적	사망자 수(명)	비율(%)	비고
대한민국	133	83.648	
이란	5	3.145	
러시아	4	2.516	
중국	4	2.516	
미국	2	1.258	
일본	2	1.258	
노르웨이	1	0.629	
베트남	1	0.629	
스리랑카	1	0.629	
오스트리아	1	0.629	
우즈베키스탄	1	0.629	
카자흐스탄	1	0.629	
태국	1	0.629	
프랑스	1	0.629	
호주	1	0.629	

진행 방향을 일방통행으로 하고, 비좁은 인도를 고려해서 차도의 일부를 통제하고 보행자가 사용하도록 조치했다.

하지만, 2021년엔 그렇게 하지 않았다. 무리해서 용산으로 집무실을 옮긴 대통령실을 경호하기 위해 많은 경찰을 용산으로 배치했다. 또한 인도의 일방통행은 물론 차도의 일부를 터주지도 않았다.

이태원 참사는 경찰과 용산구청의 안이한 사전 대응이 불러온 인재였다. 집무실을 용산으로 옮긴 대통령실도 책임을 피할 수는 없다.

수많은 인파가 몰려들면서 비탈길에서 연쇄적으로 쓰러지는 사고가 발생했으며 이로 인해 다양한 국적 159명의 젊은이가 목숨을 잃는 사고가 발생했다.

우리는 이미 세월호 사건을 통해서 많은 교훈을 얻었다. 하지만 이상하게도 보수정권만 들어서면 이런 대형 사고가 발생한다. 인재라 해도 사고는 발생할 수 있다. 하지만 뒷수습하는 걸 보면 대한민국이 맞는가 싶을 정도로 무책임하다.

분향소는 영정 사진은커녕 희생자의 이름도 올리지 않은 채 설치하는가 하면, 희생자의 명단조차 발표하지 못하게 했다.

159명의 희생자가 났음에도 불구하고, 용산구청장이나 경찰청장 등 사법 책임을 진 사람은 아무도 없다. 용산구청장은 일부 유죄가 나왔

위폐도 영정도 없는 이상한 이태원 참사 합동 분향소

으나, 보석으로 풀려나서 현재도 청장 업무를 보고 있다.

이날 사고는 윤석열 정부가 많은 인파가 몰리는 현장에 대한 안전조치에 얼마나 미흡한지 여실히 보여주는 사건이었다. 이때부터 한번 해볼 만하던 부산 엑스포 유치는 어려워졌다.

잼버리 사태

세계 스카우트 연맹에서 주최하여 4년마다 열리는 세계 스카우트 멤버들의 합동 야영대회이자 세계 각국의 문화 교류 장으로 역할을 하는 세계 잼버리 대회가 2023년 8월 1일부 12일까지 전북 새만금에서 열렸다.

하지만, 한국에서 열린 세계 잼버리 대회는 역사상 최악의 대회로

새만금 국제 잼버리 대회 야영장

기록되며 그동안 쌓아왔던 한국의 위상을 한순간에 무너뜨리는 최악의 결과였다.

이미 이전부터 폭염에 대한 대책이 미흡하는 지적과 함께 여러 문제를 시급히 대응하고, 개선할 필요가 있다는 의견을 정부와 여가부 등 각 부처에 요청했지만, 잼버리 대회를 주관하는 여가부는 "전혀 문제가 없다."라며 호들갑 뜰 일이 아니라고 일축했다. 과거 문재인 정부가 보여줬던 지나친 안전 대책이 실효성이 없다고 판단한 것이다.

우려대로 새만금에서 개최된 잼버리 대회는 불과 며칠 만에 온열 환자가 속출하고, 위생 문제 등이 지적당하면서 국제적인 망신을 당했다.

하지만 윤석열 정부가 보여준 대처는 대한민국뿐만 아니라 세계 각국의 취재를 막는 것이었다.

윤석열 정부는 집권 초기부터 자신에게 불리한 펙트 보도가 이어지면 취재 제한을 걸어 언론을 압박하고, 가짜뉴스 또는 과장된 보도라며 진실을 숨기기에 급급했다. 하지만 이런 채찍은 어디까지나 국내 언론에 통할 뿐이지 국제 언론에는 통하지 않았다.

윤석열 정부의 취재 방해에도 불구하고, 영국과 미국 등 다양한 나라에서 새만금에서 열리는 잼버리 문제를 일거수일투족 지적하며 보도했을 뿐만 아니라, 자국의 참가자들과 다른 나라의 참가자들로부터 제보받았다.

여기에 더해 잼버리 대회 현장에 입주한 편의점은 바가지요금으로 장사를 하며 원성을 산 이후에 정상적인 가격으로 돌려놓았다.

새만금에 잼버리 대원들을 놓아둘 수 없다고 판단한 미국은 잼버리에 참가한 학생들을 위해 미군 부대에 거처를 마련했으며, 영국은 자국의 스카우트 멤버들을 호텔로 철수시켰다.

4만 명이 훌쩍 넘는 한국의 잼버리에 의료 인력을 보면 176명으로 2019년 미국 500명 이상, 2015년 일본 632명에 비해 턱없이 부족했다. 의료 인력뿐만 아니라 청소 인력은 고작 70명에 불과했다.

각국이 잼버리 대회장을 빠져나가고, 폭우까지 예상되는 상황에서 잼버리 대회는 서울 상암동 월드컵 경기장으로 자리를 옮겨 K-POP 공연 관람으로 대체되는 상황에 이르렀다.

잼버리 대회는 야영이 기본이다. 잼버리 대원들이 K-POP 공연 관람이나 관광을 위해 한국에 온 것이 아니다. 준비에 부족했던 한국의 잼버리 대회는 잼버리 본연의 취지는 사라지고, 한국 문화 체험이라는 변칙 운영으로 마감되었다.

잼버리 대회에 참가한 나라는 모두 152개국에 이른다. 새만금 잼버리 대회의 실패는 이들 152개 나라에 왜 한국에서는 국제 행사를 하지 못하게 해야 하는지 여실히 보여준 사건이었다. 이들 152개 나라에는 모두 2030 세계 엑스포 결정을 위한 투표권이 있다. 이들이 악몽과도 같았던 새만금 잼버리 대회의 주최국 대한민국에게 그보다 더 비교도 안 될 정도의 큰 규모의 엑스포 유치권을 선물할 리 만무하다. 이때 이미 부산 엑스포는 물 건너간 것이다.

윤석열이 조장하는 전쟁의 위협

윤석열의 외교정책은 그의 말 한마디로 요약할 수 있는데 그것은 가치외교이다. 외교는 언제나 실리외교를 해야 한다. 그것은 역사가 증명하고 있다. 고려가 거란과 여진, 몽고의 침입에도 불구하고 500년 동안 유지될 수 있었던 것은 실리외교 덕이다. 조선의 인조가 광해군의 실리외교를 배척하고, 명나라와의 사대만을 생각하는 가치외교를 하다가 어떻게 되었는지 다 알고 있다.

윤석열의 가치외교는 반공을 중심으로 한다. 그렇다 보니 중국과 러시아와 거리가 멀어졌다. 여기에 더해 윤석열은 외교하겠다고 밖으로 나갈 때마다 천안함 모자를 착용하고 있다. 천안함 희생자를 잊지 않겠다는 뜻이라고 하는데, 이는 하나만 알고 둘은 모르는 바보 같은 짓이다.

윤석열은 파리에서 있은 엑스포 총회에 참석해서도 천안함 모자를 쓰고 산책했다. 도대체 제정신인가? 천안함의 진실은 차치하고라도, 엑스포를 유치하겠다고 나간 외교의 장에서 한국은 여전히 전쟁 중인 위험한 나라라고 선전하고 있는 것이다. 대통령이 제일 먼저 부산의 엑스포 유치에 잿가루를 뿌리고 있던 것이다.

이미 세계 각국은 대한민국의 똥볼로 인해 사우디가 유력하다고 보도하고 있었음에도 불구하고, 대한민국 정부와 언론은 발표되는 그 순간까지 역전할 거라며 국민을 호도했다.

이미 말했다시피 부산 엑스포 유치 실패는 석열의 패배, 언론을 빌어 말하자면 '석패'가 맞다. 대한민국 외교사에서 이런 치욕스러운 패배는 없었다.

윤석열은 대한민국을 위해 탄핵되어야 한다.

이제 이 책을 마무리한다.

제22대 국회의 최대 과제는 윤석열 검사독재정권의 퇴진과 대한민국의 재도약이다.

이를 위해 국민이 신뢰하는 강한 정당, 국민의 아픔을 같이하는 민생정당, 국가의 현재와 미래를 책임지는 정책정당으로 거듭나야 한다.

더불어민주당은 임시정부의 헌법적 법통을 이어받아 4.19혁명, 5.18 민주화운동, 6.10시민항쟁, 그리고 촛불시민혁명의 위대한 민주주의 정신을 계승한 정당이다. 아울러 서민과 중산층의 이해를 대변하고 모든 사람이 차별받지 않고 동등한 권리를 보장받을 수 있는 민주국가 건립의 초석을 다진 정당이다.

지금 대한민국은 중차대한 역사적 분기점에 놓여 있다. 펜더믹 이후 안팎으로 밀려오는 경제위기와 미·중 패권 경쟁의 가열로 인한 한반도 평화의 교착상태, 4차산업을 중심으로 펼쳐지는 미래 산업에 대한 입지와 불확실성이 커지고 있다.

설상가상, 세계 어느 곳에 내놓아도 자랑스러웠던 뼈속까지 녹아 스며 있던 민주주의를 향한 국민의 자유의지가 무참히 짓밟히고 있다.

퇴보하는 역사의 물줄기를 다시 돌려놓고 국민통합과 총선승리, 정권교체를 통해 혁신과 성장을 지속시키는 것이 현 더불어민주당의 제1과제이며 새롭게 구성될 22대 국회의 목표이며 방향일 수밖에 없다.

곽상욱은 더불어민주당의 정의로운 가치를 온몸으로 실천하고 대한민국과 30년 청년도시 오산의 미래를 책임지기 위해 최선을 다할 것이다.

그동안 오산시민 여러분께서 필자에게 주신 오산시장으로서 12년의 과분한 사랑을 가슴에 품고, 국민 모두가 인정하고 바라는 실력 있는 정치가가 되고 싶습니다.

감사합니다.

2024년 1월 1일
새해 첫날에
곽상욱

250